私が偏差値27から年商10億円の社長になれた理由

横濱コーポレーション株式会社
菅沼勇基 著

ダイヤモンド社

Prologue

横浜ランドマークタワー38階

ランドマークタワー最年少社長

横浜ランドマークタワーは、何と言ってもこの街、私のふるさとである横浜のシンボルです。

初めてランドマークタワーにやって来たときの思い出は、私の心の中に、いまもはっきりと残っています。

高さ296m、70階建て。日本一高いビルの展望台から見下ろす横浜の港と街。カラフルなコンテナが積まれた埠頭、行き交う船。広がる街並みの間に見える緑の丘、そして、少し遠くで霞んでいる横浜ベイブリッジ。

壮大な景色に圧倒され、目を丸くして驚いた私は、あっという間にランドマークタワーが大好きになってしまいました。

あらためて調べてみると、横浜ランドマークタワーが開業したのは1993（平成5）年、私が8歳のころです。初めて見物にやって来たのも、まだオープンから間もないころでした。

ランドマークタワーが大好きなのは、もちろん私だけではありません。ハマっ子たちの多くは、いや、きっとほとんどみんなが、できることならランドマークで働きたいと思っています。

子どものころの強烈な印象と、ふるさと横浜に対する思いから、もし私が会社を起こしたら、必ずランドマークタワーにオフィスを構えようと考えたのも、運命であり、必然だったのかもしれません。

初めて展望台に昇ってから20年たった2012（平成24）年の暮れ。27歳になった私は、横浜の自宅で会社を立ち上げるにあたって、使っていたノートの裏表紙に、ランドマークタワーの写真を貼りました。

必ず、ランドマークタワーに入る。入れるくらいの会社にする。

毎日その思いを胸に刻むために、写真を見返しました。

そして2016（平成28）年5月、私は本当に、横浜ランドマークタワーの38階に、自ら起業した横濱コーポレーションのオフィスを構えることができました。年商は、10億円を超えました。

展望台ではなく、自分のオフィスの窓の向こう側にも、あの日と同じような街や港が広がり、そしてベイブリッジが霞んでいました。

「日本一高いビル」のタイトルは残念ながら大阪のあべのハルカスに奪われてしまいましたが、少しだけ自慢をさせていただくと、私は「ランドマークタワーに入居した最年少の社長」になりました。これは、ランドマークタワーを所有している三菱地所の担当の方から教えていただきました。

私の偏差値は27だった！

自慢を聞いていただいた代わりに、恥も申し添えさせていただきます。初めてランドマークタワーの展望台に立った4年後、12歳の私は、目も当てられないほど勉強のできない、夢も意欲もない、劣等感のかたまりでした。

30歳になってこの場所に戻ってくるまでのできごとは、まさに挫折の連続、立ち上がってはまた転んでという、回り道をぐるぐる不器用に走ってきたとしか言いようのないことばかりでした。

今回本を執筆する機会を与えていただくに当たり、私がかつて自ら記録した「偏差値29」の思い出を詳しく書きたいと出版社の方に相談したところ、書く以上は証拠が欲しい、実際の成績表を探してみてほしい、とアドバイスを受けました。そこで実家に連絡してみると、なんと母が、昔の私の成績表を保管してくれていたのです。

驚いたのは、実際の成績表に書かれていた私の偏差値の最低記録が、29ではなく27だったことです。私自身、自分で29だと記憶していたのに、実際はそれよりももっとひどい、正真正銘、本物のダメな少年だったのです。

成績表を引き取りに来た私に向かって、母は言いました。

「あんた、本当にひどい成績だったよねぇ」

まったくその通りで、返す言葉もありません。

そして、当時はきっと見るのもおぞましかったはずのひどい成績表を、いままでこうして大切に残していてくれた母の気持ちを考えずにはいられませんでした。正直、偏差値27のころの私は、母に対してあまりいい思いを持っていなかったからです。

そんな私の思いが顔に出ていたのかはわかりませんが、母は、こんな言葉を続けてくれました。

「でも、よく、ここまで来たわねえ」

一般的な学力偏差値は50が平均点を示しています。40でもかなりまずく、30などというのはなかなか目にできないほどの悪い数字です。そんななかで、27という、ある意味わざと出そうと思っても簡単には出せない天才的な数字を残した息子が、いまこうしてどうにか頑張っていることに対して、母は心の底から安堵しているのでしょう。

ダメだったからこそ、ここまで来られた

私がこの本を届けたい人は、はっきりしています。
昔の私のように、夢など持てない人。自分には何もできっこないと考えている人。
だから何もしない。何もしたくない。でも、
心の奥で、本当にかすかでも、くやしい、逆転したい、いまに見ていろ、
という気持ちをどうにか絶やさずに持っている人たちです。

私が本を書く理由は、私自身も自分をダメだと考えていた長い時期があり、そうした人たちの悔しい気持ちが痛いほどわかるからです。

偏差値27など、相当にめちゃくちゃな、目も当てられないほどひどい成績です。当然、学年最下位級でした。人に指をさされて笑われました。

しかも、その当時の私は、テスト時間中ずっと寝ていたわけでも、格好つけて白紙でテストを提出していたのでもなく、当時の私なりに頑張って考え、それでもわからなかったのです。授業を聞いてもほとんど理解できず、それが辛くなって聞かなくなってしまう。

このままではいけないとまた考え直して今度はついていこうと思っても、ブランクが長すぎて、もうどうすることもできない。先生の話も教科書に書いてあることも、何ひとつわからない。

何とかしたくても、どうしていいのかがわからない。泣きたくなるような毎日だったのです。

そのうえ、中学時代の前半は、ほとんど友人もいませんでした。毎日が真っ暗闇でした。すべてを諦めていました。何かをしたいという考え自体がなく、当然目標もありません。自分の人生など、どうにでもなれと思っていました。

そこから、いろいろなきっかけを経て、多くの人に助けられて、偏差値27からどうにか年商10億円、そしてランドマークタワーの38階まで進んでくることができました。

私は最近、自分がここまで駆け上がれた理由を発見しました。

私自身のダメっぷりが、どうしようもない、横綱級だったからです。

つまり、

本当はダメな人間ほど勝ちやすいのではないか？　ダメだからこそ頑張れるのではないか？　ということなのです。

夢・目標		能力・才能		気合い・頑張り		結果
0 ならば	×	100 あっても	×	100 あっても	=	0
1 でもあれば	×	1 でも	×	1 でも	=	1 結果が出る！
100	×	1 でも	×	ここの頑張り次第！	=	UP↗

そんなバカな話があるか、ダメなやつは結局ダメなままだろう、と思われるかもしれませんが、私には、一応偏差値27から一念発起し、ステップアップして年商10億円までやってきた私自身が証拠だ、ということしか言えません。だからこの本では、正直に、隠さず、裸になって、私のダメっぷりとその後の作戦を書き記したいと思います。

ダメな人だからこそ勝てる理由

ここではまず、ダメな人だからこそ勝てるようになる基本的な仕組みを、簡単に説明します。

ダメな人に不足しているのは何でしょうか？　きっ

と多くの方が、【能力・才能】だと答えるのではないでしょうか。私もそうだと考えていました。

でもいまの私なら、それは正解でもあり、不正解だとも考えます。

確かに私には、たいした能力や才能はありません。これは昔だけでなく、いまでもそうです。

でも、決してゼロではありません。なぜなら、ゼロならそこにどんな数字をかけても答え（結果）はゼロにしかならないはずだからです。私の能力や才能は決して高くはありませんが、だからといってまったくないわけでもないはずなのです。

私は、自分の経験上、**人が結果を出せない最大の理由は、【夢・目標】がゼロだからだと思います。**

振り返ると、私がここまで進んできた道のスタートは、夢がゼロではなくなった時点でした。つまり、どうにでもなれ、自分の将来なんて関心がない、と思っていた日々を脱し、一念発起して夢を持ち、夢を実現するための具体的な目標を決めたとき、初めて【夢・目標】に、ゼロでもマイナスでもない数値が入ったのです。

すると、確かに能力や才能が小さく、【能力・才能】の数値は低いままでも、実は【気合い・頑張り】の数値次第で結果は出てしまうのです。

一度でも結果が出てくると、だんだん面白くなってきます。楽しく、嬉しくなってきます。ダメだったはずの自分が、どんどんよくなっていると実感できます。知らなかった新しい世界が見えてワクワクしてきます。

すると、時々夢や目標を間違えても、才能や能力がなさすぎて失敗しても、【気合い・頑張り】の量だけは誰にも負けないくらい出せるようになり、そのおかげで、失敗しようと回り道しようと、また復活できるようになります。こうなったら、もうこわいものなんてありません。

反対に、私が見てきた限り、もともと【能力・才能】に恵まれた「お利口」な人ほど、「まあこんなものだろう」と自分を過信して、自己を解放しきれず、本当の力を出しきれないままでいるように思えます。ここに、もともとはダメだったはずの人間が培った圧倒的な【気合い・頑張り】の量をぶつけると、意外なことに勝ててしまうのです。

その理由を短く言えば、「ダメな人間だったから」です。ダメだからこそ、勝てる。ダメだった過去こそが武器になる。私は経験上、そう断言します。

今回の本では、以前の私のように「どうせ自分なんてダメなんだ」と考えている人に向けてのメッセージと、実際にどうやって私が失敗しながらもここまで進んで来たのかを、すべて書き残してみたいと思っています。ぜひ参考にしてみてください。

成功のカギは「どう失敗するか」だ

一度すべてを諦めた経験がある私には、自信を持って言えることがあります。

諦めることなんて、いつだってできる。だったら、諦める前に一度くらい、全力で戦ってみたい。本気で力を試してみたい。

そう思った瞬間が、きっと皆さんの心の中にもあるはずなのです。そうでもなければ、こんな本を手にとって、読んでみようなどと思わないはずです。

だから、いまこの文章を読んでくださっているだけで、勝っていける可能性は十分にあります。

私にはわかります。結局、

なんとかしたいという思いはあっても、どうすればいいのかがわからな

いだけなのです。

私は、いろいろなできごとを経験しながら、諦めるくらいなら、変だと言われても、恥をかいてでも、他人から言われるのではなく自分の意志で目標を作って、ひたすら前に進むことを選び続けています。

そして、こういう人生のほうが、やれるだけのことをやりきった人生のほうが、断然楽しいのです。愚痴を言い合うのではなく、夢を語り合う。人を妬んだり、生まれた時代が不運だとひがんだりするのではなく、互いのいいところを補い合える人と出会い、周囲を、地域を、時代をよくしていく。そして、頑張れば頑張るほど、他人を喜ばせることができて、横浜に、日本に、新しい価値がどんどん増えていくのです。

私は、そんな思いを共有してくれる仲間をひとりでも増やしたくて、柄にもなく本を書くことにしました。

私のやり方は相当珍しく、またおかしいのかもしれません。見習えだとか、真似してほしいだなんて、とてもではありませんが言えません。

ただ、これまでの記憶を思い返してみると、不思議とすべてがつながって、いまに至っている気がします。

どこかでできなかったことが後でできるようになり、いつかしていた悔しい思いが、何年か後に強い力を私に与えてくれています。

いまとなっては、絶望的な偏差値27という過去ですら、私にとっては話のネタになり、立派な勲章になっています。50でも、40でも30でもない、27というどん底から人生を切り開いてきたんですから、むしろ自慢です。

本当に大切なのは、いまの自分を嘆くことではないと思います。いまこの瞬間から、自分で立てた目標にどこまで本気で取り組み、「どう失敗するか」です。

この本では、**私がどう失敗してきたか、そしてどう目標を立て、どうやってそこに向かってきたか**を、できるだけ細かく、具体的に書いてみようと思います。

自信がないなら、悩みがあるなら、勉強が、仕事が全然思った通りにできないなら、一度本気で失敗して、コケてみましょう。私だってまだまだ失敗するつもりです。くすぶっているくらいなら、自分の悔しい心に火をつけて、いっしょに勇気を出して思い切り爆発しましょう。そのほうが人生ずっと楽しいことは、私が保証します。

これまで私は、たくさんの人に助けていただきました。いろいろなことを教えていただきました。

本当なら、そうした方たちに恩返しをしなければなりません。でも、私のお礼など、受け取らず、笑って聞き流す方ばかりです。だからその代わりに、この本を書くことで、日本のどこかにいる、かつての私のような人たちの力になれたらと思います。

今日もランドマークタワーやみなとみらいには、世界中から大勢の観光客がいらっしゃっています。私はこの場所に戻ってくることができて本当に嬉しかった半面、この場所は通過点であり、新しいスタート地点でもあります。決して満足はしていませんし、挑戦したいこと、やらなければならないことがまだまだたくさんあります。本を書いてみようと考えたのも、その一環です。

オフィスから見えるふるさとの景色、ランドマークタワーのりりしい姿、そして横浜の名に恥じない仕事をする。そんな思いを抱えて、私はこれからも走り続けたいと思っています。

私の経験であなたの勇気が刺激できたら、ひとつでも「どうすればいいか」のヒントにしていただけたら、これほど嬉しいことはありません。

私が偏差値27から年商10億円の社長になれた理由　目次

Chapter 2 一念発起！ このままじゃダメなんだ！

「事件」は教室で起きた
私を救ってくれた先生
初めて夢を持った！
どう勉強したらいいのかわからない！
励ましてくれる人がいた
あっさり夢は崩れ去った
祖母の死と医療への思い
新しい夢
甲子園への夢
浪人を決めた理由
追い込みすぎて失敗する

Chapter 3

一発逆転！ダメな自分の戦い方

再び夢を見失う
やさぐれコンビの仙台ツアー
3日自転車を漕ぐと仙台に着く！
冒険は達成すると癖になる
そして、人生にも「春」がやって来た！

夢は無謀でもいい
一度目標達成感を味わうと突き抜けられる
目標を立て、計画を立て、実行して検証する
私はこんな夢を持つことにした！
医者になる夢をあっさり諦めたわけ
夢の形は変えられる

何に役立つかなんてわからない
自分にできること、自分にしかできないことを考えてみる
計画の立て方4つのステップ
ダメだから、みんなが無理だと思うことにこそ価値がある
できそうなことの1・5倍を目標にする
ゼロからもう一度勉強を始める方法
ABCから学び直すことをためらわない
勉強はまず得意なことを伸ばす
浪人時代の戦略
勉強は朝・家の外でやる
人との付き合い方、本の読み方
簡単には会えないから本を読む
時間の使い方
何もしないリセット時間の大切さ
夢を持ち続けるためのノート

Chapter 4

内定率100%！の就活戦略

私の就活は全戦全勝！ ただし……

就活で、見返してやる！

1か月で150社回った

結果を出すには待っていてはダメ

学閥、出身校は関係ない

面接で何を語るかは自ずと決まる

定番の質問は完璧に準備する

面接は自分という商品を売り込む場だ

変でもいい。自分にしか語れないことを語れ

英語ができなくても外資系から内定！

あなたが社長だったらどうする？ を考える

結局最後は、やるか、やらないかしかない
お金をもらって勉強できる最高の場所
バイトで学ぶ経営学

Chapter 5 年商10億円！ その先に見えたもの

なぜ不動産業界を選んだのか？
3年間のつもりで、がむしゃらに働いた
目標達成！ しかし虚しかった
横濱コーポレーション、起動！
不動産を売るのではなく、私を売った
地産地消のビジネスにこだわりたい
高校野球に経営のヒントがある
愛する母校のいま

Epilogue

夢はいつでも無限大！

不動産業のトリプルスリー、三方良しを目指す
地べたを這った人に、運は味方する
まだまだ至らない部分もたくさんある

Chapter 1

偏差値27!

農家の末っ子

私は、横浜市北部の農家に生まれた3人きょうだいの末っ子です。

横浜に農家なんてあるのか、港とオシャレな店ばかりなのではないか、と驚いた方もいるでしょう。横浜といっても実際はとても広く、私のふるさとは、もともと森と田畑だったところにたくさんの住宅が建った地区です。いまではほとんどの住民が東京都内や横浜の中心部などに通う人たちですが、私の実家のように、明治維新よりも前から、何代にもわたってずっと農業を続けてきた家もあります。

私は、小さなころから祖父母や両親が農作業をする姿を見て育ちました。いまでも休みの日には手伝います。

主な作物は、夏に収穫する梨と、秋のコメです。横浜の梨は「浜なし」といって、ギリギリまで熟したものを収穫してすぐに食べるので、すごく甘いと評判です。しかし収穫量が少ないために地元にしか出回らず、知る人ぞ知るブランドです。

代々先祖の土地を受け継ぎ、農業を守ってきた家に生まれたことは、私の人生に、いまも大きな影響を与えています。でも私自身は農業を継いでいません。経営している横濱コーポレーションは、収益用不動産の売買・賃貸・管理をしている会社です。

その間にどんな関係があるのかは、実は少々複雑なのです。


みなとみらいにランドマークタワーができたころ、小学校時代の私は、元気いっぱいの少年……といえば美しいのですが、いまの自分から見れば、元気が余りすぎている、いわゆる「クソガキ」でした。

学校でも近所でも、ポジションはいつでもガキ大将でした。「ドラえもん」のジャイアンそのもの。子分のような子がたくさんいて、危ない遊びややんちゃないたずらばかりしていたのです。

私の人生でもうひとつの柱になっている野球との出合いも、小学校のときに加入した少年野球チームです。私はジャイアンだけに体力には自信がありましたし、周囲の子たちよりもすぐに上達して、レギュラーを張っていました。

でも、家では典型的な甘えん坊でした。三世代で住んでいた私は、なかでも祖母が大好きで、めちゃくちゃな「おばあちゃんっ子」でした。

いま振り返っても、小学生のころの自分には楽しい思い出しかありません。ただ、甘やかされて育っていく私を見て、強い不安を感じていたのが母でした。

教育には厳しかった母

小学6年生になった私に、母はこう言いました。

「あんたは、全寮制の中高一貫校に行きなさい！」

私には、その意味がよくわかりませんでした。

兄も姉も、自宅から中学や高校に通ったのに、なぜ私だけが？　全寮制ということは、つまり家に帰れないのか？

腑に落ちない顔をしている私に、母はこう言って諭しました。

「いい？　ウチは貧乏なの。あんたは一生懸命勉強して、ちゃんと頑張らなければダメなのよ」

そう言われてみると、私にも思い当たる節がありました。

母はお小遣いをあまりくれず、モノも簡単には買ってくれませんでした。野球用品も、他の子ならとっくに買い換えるようなボロボロの状態でも使い続けました。そのたび母にせがんでも、「ウチは貧乏だから」という言葉で説明されていたので、私自身もすっかりそう思い込んでいたのです。

菅沼家は決して裕福ではありませんが、だからといって、本当はそこまで貧乏なわけでもありませんでした。ただ、大人になったいま、私には当時の母がなぜ厳しく教育しようと考えていたのかがよくわかります。

代々地元で暮らし、作物を作って暮らしてきた農家にとって、頭痛のタネは土地の値上がりでした。生まれながらに広い土地を持っているなんてうらやましい、と思うかもしれませんが、実際はそんな甘いものではありません。

私の母も、父、つまり菅沼家と同じく、地元の農家の出身です。農家の多くは地主として多額の税金を負担しています。毎年固定資産税を払い、親や親戚が亡くなれば相続税を支払います。

しかし、土地の値段がどんどん上がってしまったため、とてもお金では払い切れないのです。育てたコメや梨を売って貯めたお金では、とうてい足りません。なぜなら、コメや梨の値段は、地価と同じようには値上がりしないからです。

そこで、泣く泣く田畑の一部をアパートに代え、慣れない不動産経営で現金収入を増やしたりしながら耐え、それでも足りずに、結局相続のたびに土地を切り売りせざるを得ないのです。

新しくこの地に来た人には、広い土地があるのに悩んでいるなんて贅沢だ、と見えるかもしれません。でも実際は、先祖から受け継いだ仕事も土地も守れず、どんどん田畑の面積も、自分たちの土地も減っていくのです。それでもこの地を離れられず、なんとかお金を工面しながら、頭を使って暮らしているのでした。

まして私には、兄と姉がいます。家を継ぐのは彼らの役目です。本当は、菅沼家がそこまで危機的な経済状況にあったわけではなかったにせよ、母が末っ子の私にひたすら「ウチは貧乏だ」と繰り返して、勉強させようと厳しく仕向けていたのも、いま考えれば不思議ではありません。

とはいえ小6の私は、母の言葉をただ素直に信じるだけでした。そうか、ウチは貧乏だから、全寮制の学校でしっかり勉強しなくちゃいけないのか。でも、野球くらいはできるだろうし、友達もたくさんできるだろう……。

「刑務所」暮らし

入試を受けさせられた結果、私がやってきたのは、栃木県那須町の那須高原海城《かいじょう》中学校・高等学校、通称「那須海城」、母体は戦前の海軍予備校でした。横浜でも、東京でもなく、栃木県と福島県の県境。ギリギリ関東地方と呼べないこともありませんが、実際は福島県の白河市のほうが近いという、これまでとは何もかもが違う環境の学校に入学することになりました。

母は、とにかく実家からも都会からも、私を引き離したかったのです。

でも、12歳の私自身は、母の説得によって表向きこそ納得していたものの、正直「どうしてこんな場所に来なければならないのか?」という思いばかりが先走り、半泣きになっていました。父はそこまで全寮制にこだわっているようには見えませんでしたし、祖父母は、勇基がかわいそうだ、わざわざ家から出すことはないいんじゃないか、という意見だったからです。

とにかく、こうしてガキ大将のジャイアンの生活は一変してしまったのです。

入学後の、学校や寮での生活は、当時の私にとっては「刑務所」に送られたも同然の、まったく楽しみもやりがいもないものでした。

寮は3人部屋です。中3、中2、そして中1が1名ずつ同居し、しかも3～4か月ごとにメンバーも部屋も変わります。体が大きく成長する時期ですから、入学直後の中1と中3では、体の大きさも強さも違います。そして何と言っても先輩後輩ですから、新入りは使い走りになって当然です。私はどうしてもそれが嫌で、部屋にいる時間をできるだけ減らすようにしていました。中1のころはほぼすべての時間、中2になってもほとんど、同じ部屋で生活しているメンバーとは、生活するうえで最低限必要な内容以外、極力口をききませんでした。もっとも、それはあくまで私から見た場合で、反対から見れば無視されていたというのが正確なところでしょう。

教室での生活も同じでした。1クラス25人の2クラスという小さな世界、仲のよいグループがいくつもできていくなかで、**私はどこにも属さず、いつでもひとりぼっちでした。私自身ももともとがガキ大将だけに、プライドが高かったのだとも思います。**

授業中も、休み時間も、話題の輪の中に私はほとんどいませんでしたし、自分から入ろうとも思いませんでした。時々、同じように仲間に溶け込めずにいる同級生と少し話をするくらいで、後はボーッと、本当にただひたすら何もせずに時間をやり過ごすだけが、私の学校生活のすべてだったのです。そして、あらゆることに意欲をなくしていました。

横浜に帰れるのは、長期休みの間だけ。学校の外に出られるのでさえ、週1回、日曜日の5時間だけ。あとは教室で授業を受けているか、寮で自習しているか、寝ているかしかありません。楽しみも、ワクワク感も、まったくのゼロでした。

唯一、ほっとできる場所は、学校の裏にある牧場でした。私は暇さえあればそこに行き、できるだけ目立たないように、ひとりぼっちでいるように心がけていました。

私がこのころの学校生活を「刑務所」と表現したくなるのも、わかってもらえるのではないでしょうか。私だって実際に経験したことはありませんが、おそらく刑務所の中とはこんな世界なのだろうと思っていたものです。

そもそも母は、私に勉強をさせたくて、この学校に送り込みました。でも、成績はパッとしないどころの話ではなく、学年で常に最低レベルでした。母に対しては、申し訳ない気持ちと、自分に合わない環境に送り込まれた不満が入り混じっていました。

ただただ毎日が辛く、つまらなくて、いつも横浜が恋しく感じられました。でも山の中から歩いて帰ることもできず、バスや電車で帰る方法もお金もありません。

2年近くの間、私にとっては地獄のような日々が続きました。

ボーッとしているだけの毎日

私はひたすら、頭の中で「お前らとは違うんだ！」と思っていました。これには、ふたつの意味がありました。

ひとつ目は、「お前らみたいな金持ちの子じゃないんだ」ということです。菅沼家は貧乏なのに、わざわざ私のために高い学費をひねり出してくれていると思っていましたが、同級生たちはお金持ちの子どもばかりで、豊かな家庭で育ってきたことがありありとわかりました。経営者、医者、政治家……決して安くはない那須海城の学費を余裕を持って支払える親のもとに生まれた、嫌味な「お坊ちゃま」ばかりと思えて仕方がなく、それだけで好きになれませんでした。

だいたい母は「ウチは貧乏だ」と言いながら、なぜ無理して高い学費を納め、私をわざわざこんな環境に入れたのか。これなら、たとえ多少荒れていようと地元の公立中学に通いながら塾にでも行ったほうが断然よかったのではないかと思いました。

ふだんは同級生と交流を持たないようにしていましたが、1学年たった50人しかいない学校ですから、時にはどうしてもトラブルが起きてしまうこともあります。私は元ガキ大将で、小3のころに小6に勝負を挑んでいたような性格でしたから、納得がいかないときは先に手を出してしまうこともしばしばでした。同級生だけでなく、先生に対しても暴れてしまうような有様でした。ますます、私に対する周囲の扱いは、腫れ物にさわるようなものになっていきました。

もうひとつの「違い」は、頭の出来でした。

那須海城は進学校です。当然、進学を前提に、授業ではどんどん難しい内容を教え始めます。スピードも速くなります。

先生方が優秀であればあるほど、もともと勉強が好きではなかった私はついていけなくなります。ただでさえクラスでも寮でも無視され、心が荒れきっている状況なのに、勉強をしようにもすでに内容がほとんどわからず、ついていけないのです。

授業時間中ずっと、何を話しているのかわからず、自分にとっては無意味としか思えないことを聞かされ続ければ、それだけで生きているのが嫌になってきます。

一時は反省し、もう一度真剣に聞いてみようと耳を澄ませてみます。それでも、勉強が理解できなくなってからのブランクが長すぎて、どう勉強を再スタートすればいいのかがわからないのです。

先生たちの多くは優秀で、優秀であるために、きっともともと勉強が大好きだったはずです。私のような、落ちこぼれの生徒の気持ちを察してくれそうにはありませんでしたし、泣きつく勇気も出ません。

結局授業の間も、私はずっと何も考えず、ボーッとしているだけでした。自分の頭が悪いのはもう生まれつきどうしようもないことで、考えても、悩んでも仕方がないのだと思っていました。

当時の私には、「夢」や「目標」などという言葉自体が頭の中にありませんでした。何かになりたい、将来何をしたい、といった思い自体がなく、楽しみも好奇心もゼロでした。今日はこの後いつ牧場に逃げ込めるだろうか。次の日曜日には小遣いで何を買い、何を食べようか。そして、あと何日たったら横浜に帰れるのか、おばあちゃんに会えるのか——それればかりが、頭の中をめぐっていました。

偏差値27・学年ビリ2

このころの私がどんなていたらくだったたか。それを示す数字が、偏差値27です。

学校で受けさせられた、河合塾／全国進学情報センターの「全統私立中学生学力テスト」という成績表が、私の実家に残っていました。

いちばん辛く、すさんでいた中1、中2のときの成績を見ると、われながら目を疑いたくなってきます。

【中1-2回目】国語28・1／数学29・5／英語35・4／3教科31・0

【中2-1回目】国語27・8／数学30・0／英語32・1／3教科30・0

偏差値というのは、わざわざ説明するまでもありませんが、平均点を取ると50となります。そして、高得点を取れば60、70と上がっていき、ひどい点を取ると40、30と下がっていくのですが、計算上（標準偏差10の場合）、偏差値40から60の間には全体の約68%、つまり3人に2人が、そして偏差値30から70の間には全体の96%、つまりほとんどすべての人が含まれます。私が**中2の国語で「叩き出した」偏差値27という数値は、100人に1人級の不出来**ということです。おかしな言い方ですが、偏差値73と

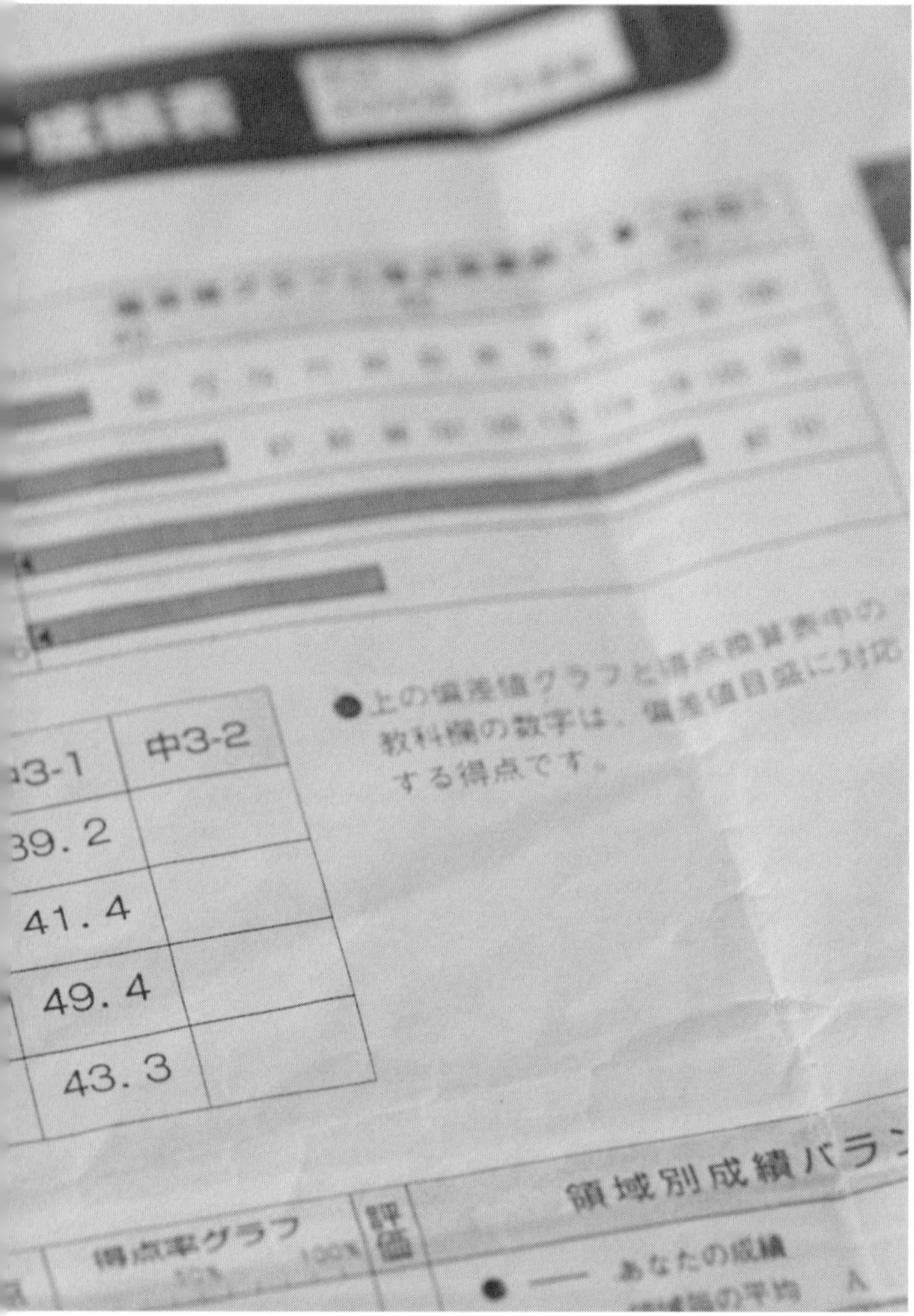
上の偏差値グラフと得点換算表中の
教科欄の数字は、偏差値目盛に対応
する得点です。
中3-2
39. 2
41. 4
49. 4
43. 3
領域別成績バラン
評価
得点率グラフ
あなたの成績

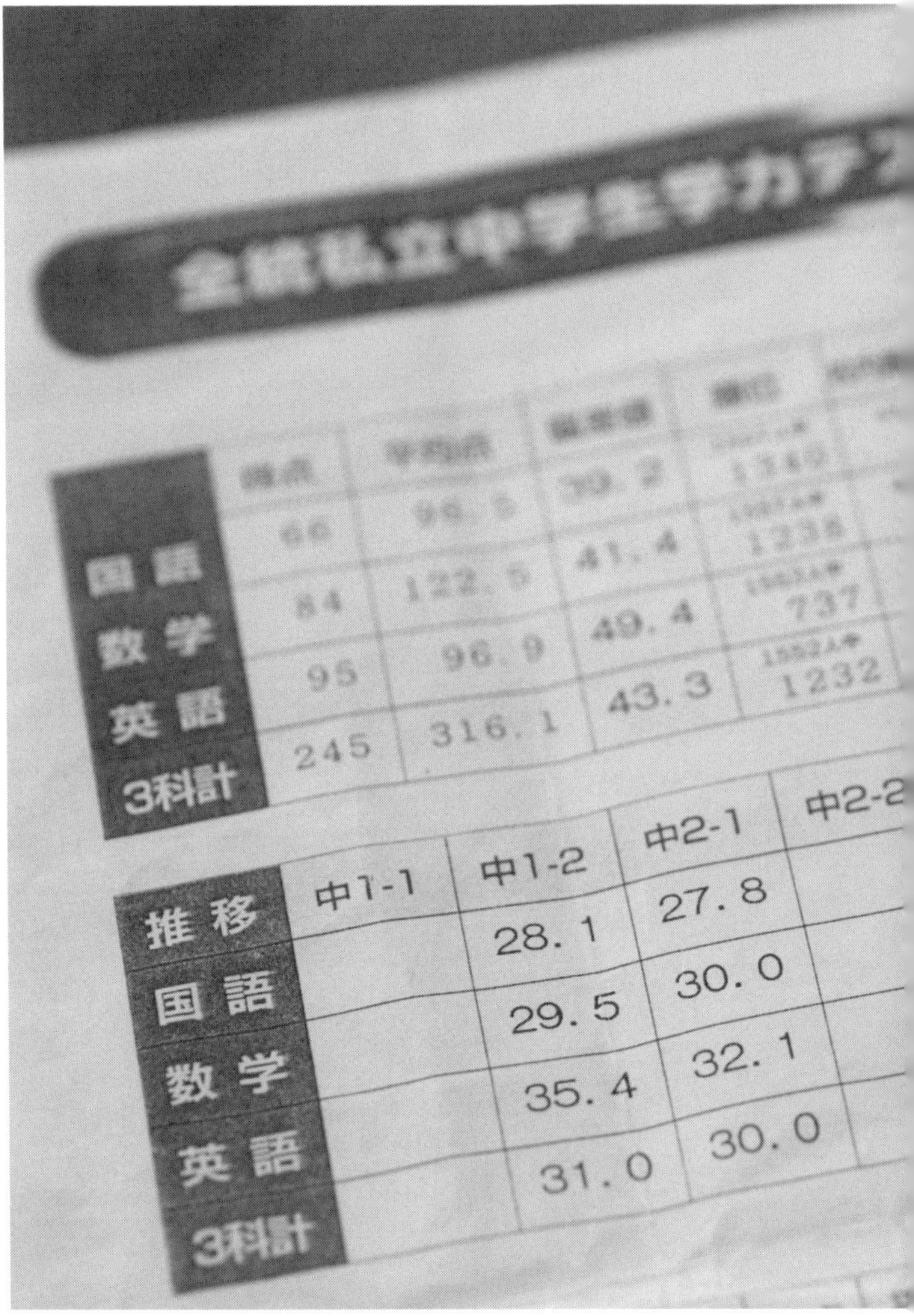
国語
数学
英語
3科計
66
84
95
245
122.5
96.9
316.1
41.4
49.4
43.3
737
1232
推移
中1-1
中1-2
中2-1
中2-2
国語
数学
英語
3科計
28.1
27.8
29.5
30.0
35.4
32.1
31.0
30.0

いえば天才的に頭がいい人です。私の偏差値27とは、そのちょうど反対にいる、天才的にひどい成績なのです。

実際、中2のテストでは、学年でビリから2番目でした。

それでも私は、そのときの私なりに一生懸命考えて、わかる範囲で答えを書いていました。授業はわからなかったし、夢も希望もなかったけれど、那須海城にいるからにはいずれ大学入試は受けなければならないのですから、テストはテストとして、一応まじめに受けてはいたつもりです。

寝ぼけて、あるいは放棄して、白紙で出した結果の成績ではなかったのです。でも、きっと鉛筆を転がして適当に答えを書いたほうが、実際は得点が高かったかもしれません。そのくらいひどいものです。

こんな私が、最終的に、大学受験の直前、自己最高の偏差値として73を記録しました。もちろん違うテストの成績ですから単純に比べられませんが、ちょうど偏差値27の正反対にまでたどり着いたのです。でも、私の心のエンジンがかかるまでには、もう少し時間が必要だったのです。

自暴自棄

いま思い返すと、このある意味衝撃的な、ショッキング映像のような成績表を目の前にした私自身は、当時、特になんとも思っていませんでした。

あっそうか。ふーん、まあ、そんなもんだろうな。勉強できないし――という程度でしかなかったのです。

いまでは信じられませんが、自暴自棄を通り越して、悟ったような、無関心に近い気持ちでした。そこに、くやしいとか、見返してやりたいという気持ちは、ほとんどありませんでした。

自分はダメだな、と少しは思っても、そこにはバネにできるようなパワーはありませんでした。現状をなんとかしなければ、という気持ちにもなかなかなれず、このひどい成績をどうにかしようとも思いませんでした。思ったところでもともと頭なんてよくないんだからどうしようもない、というほうが正確かもしれません。

それよりも、学年ビリ2になったことで、わざわざ高いお金を払ってこんな学校に送り込んだ母に対する反抗心を強めていきました。

どうしてこんな、場違いなところに私を閉じ込めているのか。横浜で走り回っていたころは、あんなに楽しかったのに。

医者の子ども、社長の子ども、政治家の子ども、みんな金持ちで、頭がよくて当たり前だ。でもそんなの、自分には何の関係もないじゃないか！

連中とは違うんだ。もうこんなところにいるのは無理だ……。

野球同好会

そんな私にあったかすかな救いは、野球でした。中学に入ったら野球部に所属し、レギュラーになって、いずれ高校野球を目指そうと考えていたのです。

ところが、野球でも、私のアテは大きくはずれてしまいました。

まず、那須海城は私が入学した時点でまだ創立3年目の新設校で、やっと1〜3年生がそろったばかりというタイミングでした。そして、学校自体が1学年50人という小ささで、部活動も必須ではありませんから、そもそも野球をしてみたい生徒の絶対数が足りないのです。

入学後、すがるような思いで野球部を訪ねてみると、そこにあったのは野球部ではなく、「野球同好会」でした。

部員は新たに入った1年生を含めてようやく10人程度。つまり、去年までは他校と試合を組むことすらできない状態だったのです。

それでもとにかく、寮や授業から気をそらせたい一心で野球に取り組みましたが、実際は問題だらけでした。

満足な設備が整っておらず、リトルリーグとは比べるまでもないような環境しかありません。野球同好会はあまり人気もなく、部員も少なかったためグラウンドも簡単には使わせてもらえません。そして、やっと10人になった部員も、そのほとんどはリトルリーグを経験していないどころか、ごく初歩的な知識もないような人がほとんどで、正直、リトルリーグでレギュラーを張っていた私にとっては、守備も打撃もレベルが違いすぎたのです。

そうした状況で、いくら私がガキ大将タイプだからといって、すごいバッティングで驚かせ、足や守備の違いを見せつけても、何も意味がありません。そのうえ、ろくに試合もできるような状況ではないのですから。むしろここでも私は周囲から浮き、疎ましがられ、無視されるようになっていきます。

わずかな望みを持っていた野球でも自分が描いていたような生活を送ることができず、私は完全な八方塞がりになっていました。結局は途中から部活もサボるようになり、輪を抜けては牧場に逃げ込む日々が続きました。

どうせなら、自分だけでカタがつくスポーツのほうがいいと、一時は陸上部をかけ持ちしていました。野球部がダメでも、いつか野球ができる環境に戻れたときのために、せめて下半身だけでも鍛えておきたいという、当時の私なりのバランス感覚だったのでしょう。事実私は、高校に進学するときにはなんとしてでも母を説得し、地元に帰って、日大藤沢高校や横浜高校といった野球強豪校に入るつもりでした。もう私には勉強が向かないことははっきりしているのだから、せめて野球くらい自由にやらせてほしい、甲子園を目指すことを許してほしかったからです。

ところが、野球部ならぬ野球同好会に入ったことで、こんな私にたったひとつだけ救いがありました。

部員の中に、私と同じようにどうしようもない不出来で、熾烈な学年最下位争いをしていた(?)同級生が2人もいたのです。

ひとりはリトルリーグ上がりの左ピッチャーで学年ビリ3、もうひとりは中学から野球を始めたのですが、なかなかセンスと実力があって、やはりピッチャーをしていました。彼がたいてい学年最下位でした。

彼らとは時々、ダメなもの同士愚痴を言い合い、いっしょに練習をサボるようになりました。この学校にやってきて、初めて少しだけ心を開ける瞬間ができたのです。もっとも、美しい友情というよりは、傷の舐め合いというほうが正確だったと思います。

屈辱の44対0

中2になり、それまでピッチャーをしていた先輩が卒業したことで、中学から野球を始めた同級生がピッチャーを任されることになりました。彼なりに頑張ってはいたのですが、相変わらず私たちはチームとして仕上がっておらず、満足な試合ができなかったのです。それでも、新1年生から新たな部員が加わったことで、どうにか対外試合ができるだけのメンバーがそろいました。

ところが、中2の冬、私にとっては初めて気持ちを揺さぶられる「事件」が起きたのです。

学年最下位のピッチャーは、環境に恵まれないなかでもどうにか試合を作れるようになり、初めての対外練習試合に登板しました。

結果は、27点取られた挙句、こちらは1点しか取れないという惨敗でした。

その後で、もっとひどい44対0という、屈辱としかいいようのないスコアでの敗戦も経験しました。

44点も取られて1点も取れないというのは、数字だけ見てもまるでラグビーの試合のようにひどいものですが、実際にプレーしてみると、それは身にしみて辛いものでした。守っても守っても打たれ続け、それでもピッチャーの彼は投げ続けなければならないのです。私はセンターから、声をかけることもできずにその様子を見ているしかありませんでした。

長い守りが終わっても、味方の攻撃はあっという間にスリーアウトになり、また重い足を引きずって守備位置に散っていきます。私にとってこの絶望感は、偏差値27どころのくやしさではありませんでした。

学校に戻り、私たち学年最下位トリオは、顔を合わせて以来もっとも真面目な話をしました。

確かに、他の連中はヘボばかりだし、学校の練習環境も整っていない。だからと言って、自分たちも適当に気が向いたときだけ練習し、好き放題やっていたのではどうにもならないじゃないか。

オレたち、このままじゃダメなんじゃないか。だって、オレたちがしているのは、9人でやっている野球なんだから。

この学校にやってきて以来、何にも楽しみを持てず、夢もなく、自分のことだけを考えてきた私の中に、初めて違う感情が湧いてきました。

自分だけがよければいいというばかりでは、必ず限界が来る。自分だけがよければいいというのは、ダメな考えなのだ。

だから、44対0なのだ。

完全に閉じていた私自身の考えが、初めて外側に向かって開き始めたのです。

突っ張っていても仕方がない

嫌われるのも、無視されるのも、勉強ができず成績がまったく上がらないのも、もしかしたら自分のことだけを考えているからなのかもしれない。毎日いっしょに生活し、いっしょに学んでいるのに、みんなから無視され、嫌われているのは、私にも原因があるのかもしれない。だいいち、みんなに反抗して、突っ張って生きているのは、もう飽きてきた……。

だからといって、いまさら簡単にどうにか学校生活を切り替えできる状態でもありませんでしたが、同級生や学校、母のせいにするばかりだった私の頭の中は、このとき初めて、少しだけ柔らかくなっていったのです。

まずは、野球への取り組みから変えてみよう。そう思って、私ら学年最下位トリオは心を入れ替えて練習を始めました。

サボってばかりだった私たちは、毎回練習に参加するようになりました。中学から野球を始めたため、才能だけで投げていた学年最下位の同級生の下半身を鍛えるため、いっしょに牧場をランニングしてみたところ、どんどん球速が向上してきました。

いっしょに練習するのもいやだった下手な同級生や後輩たちにも、率先していろいろと基礎から教えるようになりました。ピッチャーと内野、内野同士、そして内野と外野の連携プレーなどを共有し、チームとしての力を上げるよう頑張りました。

これは思った以上にスムーズに行きました。やはり誰もが、44対0は屈辱であり、悔しくて仕方がなかったのです。「やらなきゃいけない」という意識が、自然と全員の間で共有されていたのです。だいたい、練習試合の相手は共学の公立校で、女子マネージャーがいたりしてとても楽しそうなのです。私たち男子校にはそんな楽しみもないばかりか、学校の外に出られるのが週1回しかない「刑務所」暮らしなのですから、負けてたまるか、という気持ちにもなろうというものです。

中2の終わりごろから、私の中で野球の存在が再び大きなものになっていきました。部員たちともいろいろな話ができるようになり、協力できるようになった結果、仲もよくなりました。

誰からも無視され、何にもやる気の持てなかった私から、2年近くかかって初めて一歩を踏み出せたのです。

初めて結果を出す

練習の成果は、思ったよりも早く、目に見える結果となって現れました。

翌年の春、私たちが3年となった初めての大会で勝ち進み、最終的には決勝で負けてしまったものの、2対0という、堂々としたスコアで試合をすることができたのです。相手は強豪校でした。

本気で取り組み始めてから半年もたっていないのに、みんなの「勝ちたい」という意識が実り、形になったのです。

私は、このとき**生まれて初めて、目標を決め、努力すれば、結果が出るということ、そしていい結果が出るととても嬉しい**ということを、身をもって知ることができたのです。

それは、他の部員たちも同様でした。全員が、本当にとてもいい顔をしていました。

がぜん気合いが入ってきました。ますます練習に力が入り、私自身も野球をもっといい環境で真剣に取り組みたいという思いが強くなってきました。

学年ビリのピッチャーは、相変わらず勉強はできませんでしたが、体の成長とともにうまくトレーニングができたことでぐんぐん成長し、中3では軟式で130キロ近い球を投げるすごいピッチャーになってしまいました。中学まで野球をやったことがなかったのに、大会で県外の高校のスカウトから注目を集めるまでになりました。結局彼は、野球強豪校に進むことになります。

私も、野球が楽しくて、相変わらず勉強はまったく手をつけていませんでした。野球以外のつながりを学校で築くことはできていませんでしたが、それでまったくかまわないと思っていました。

通常なら中3は、夏の大会が終われば部活を引退し、高校受験に備えます。でも私たち一貫校は、そういう意味では気兼ねなく野球を続けることができます。私は前にも述べた通り、やはり野球に真剣に取り組みたいという思いばかりが募り、なんとか地元に戻って思い切り自分を試してみたいと考えていました。

やさぐれ通しだった私が、やっと少しずつ「更生」し始めたのは、とにもかくにも野球のおかげだったのです。

ところが、私が**野球に真剣に取り組んだことで、私自身も知らない間に、心の中に大きな変化が起きていた**のです。ここから、私のいまに至る自分を克服する戦いが始まりました。

Chapter 2

一念発起！このままじゃダメなんだ！

「事件」は教室で起きた

中3になり、野球で結果を出し始め、この学校にやってきて初めて自分自身の中に手応えを感じ始めていた私でしたが、裏を返せば、一生懸命取り組んで結果を出していたのはまだ野球だけでした。

気持ちが前向きになり、2年までに比べれば少しは勉強をしていたものの、野球よりは優先順位も低く、結局は相変わらず悪い成績が続いていました。偏差値で言えば、30以下だったものが、どうにか40くらいまでは持ち直した、という状況でした。

そんななか、「事件」は起きました。そしてこの事件をきっかけに、私は何もしないままでい続けることが、どうしても耐えられなくなったのです。

中3の秋でした。道徳のような、ホームルームのような、詳しくは忘れてしまいましたが、教室での授業中のこと。先生のいる前で、これからの自分たちの進路を考えてみる、というテーマで議論が行われていました。

私自身は、その議論には積極的に参加していたわけではなく、なんとなく、ボーッとしていただけでした。

すると、どういう話の流れからそうなったのかはわかりませんが、ある医者の息子が、教室のすみずみにまで響くような大声で、こんなことを言い始めたのです。

「いいよなあ、菅沼は！」

突然名指しされた私は、びっくりして、教室を見回しました。何のことなのか、まったく思い当たる節はありません。

すると、医者の息子は続けました。

「お前みたいなバカなやつは、進路なんてなんにも考える必要がないじゃないか！」

同級生のほとんどが、どっと笑いました。

確かに、最悪の時期から比べれば多少成績は上がってきたとはいえ、それはあくまで自分自身で比較しただけの話です。同級生の中での私の評価は「最近やたら弱い野球部に一生懸命だけど、相変わらず勉強はできない人間」でした。そして、野球部以外の連中とは特に仲よくなってもいませんでした。

その医者の息子は、親から厳しく言いつけられているのか、自分でも希望しているのかはわからないけれど、きっと医者になる必要があるのでしょう。そのためには嫌でもどこかの医大に受かる程度は勉強をしなければいけなくて、けっこう億劫で、大変で、プレッシャーもあるのでしょう。それでも医者の家に生まれた以上は、その宿命からは逃れられなかったりするのでしょう。

そんな彼にとって、横浜の農家の末っ子である私は、きっとのんきで気楽な存在に映ったのです。

わざわざこんな学校に来て、やっていることといえば野球ばかり。中1のときからいままで勉強もせず、ボーっと授業を受けて、ずっとダメなままで、きっとこれからだってダメなまま。どうせたいした進路は選べないだろうし、選ぶつもりもなさそう。親だってきっと何も期待していないだろう。自分でも特に難しいことは考えていないはず。だって、したいこと、しなきゃいけないことなんて、何もなさそうに見えるじゃないか。

うらやましいよなあ、そういう菅沼みたいなバカは。何に対しても、誰に対しても責任がなくて、毎日お気楽だもんな。

強烈な嫌味でした。しかも授業中、いってみれば公衆の面前で、私は最大級の暴言を浴びたのです。

私を救ってくれた先生

しかし、そのときの私は、この暴言と、それに同調して笑う同級生たちを、ただ黙って見ていました。

ほら見てみろ、あんなことを言われたって、菅沼のバカは何も言い返せないじゃないか。きっと図星なんだろ？

彼らの眼に、黙り込む私の様子は、きっとそれまでの私と何も変わっていないように見えていたはずです。

バカにされること、無視されること、相手にされないことは、それまでの私にとってたいして珍しいことではありませんでした。でもこの日に限っては、授業が終わり、部活が終わって寮に戻ってからも、私の気持ちは落ち着きませんでした。

悔しくて、情けなくて、どうにかしたい思いでいっぱいになってしま

ったのです。中2までの自分とは、何かがはっきり違っていました。

大敗をきっかけに野球を再び真剣にやり始め、チーム作りにも力を尽くした結果、成果を得ることができていました。中2のときに44対0で負けた学校と再戦し、惜しくも勝てはしなかったものの、3対2というほぼ対等のスコアにまで持ち込むことができました。**目標を持って努力すれば結果が出る。私は大切な原則を、すでに知っていたのです。**

そしてもうひとつ、決して忘れることのできない経験がありました。それは中3の夏に経験した肉離れでした。

惜しくも決勝で敗れてしまった春の大会の後、学校の体育の授業でサッカーをしていたとき、ゴールキーパーの私に同級生が激突してしまったのです。

当初は、2週間程度で治る、よくある肉離れだと思っていました。少し休めばよくなるはずが、痛みはなかなか引きませんでした。

学校の近くの医師に診ていただき、松葉杖をついて学校に通っていたもののよくならず、今度は福島県内の病院に行き、超音波治療を受けながら回復を目指しました。

この間にも、どうにか中学最後となる次の夏の大会に出たくて、無理して練習をし、満足に走れもしないのに練習試合に出ていました。

なかなか完治しないため、教師や医師と相談のうえいったん地元横浜に戻り、複数の詳しい病院で診察していただきました。

最初に訪ねた病院では、私が考えていたよりもずっと状態が悪く、患部に大きな血腫(血のかたまりのようなもの)ができていて、手術を受ける必要があるだろうと診断されました。

私は驚きました。医師の先生の話では、手術を受ければ夏の大会への出場は絶望です。しかし、ここでしっかり治さなければ、野球そのものが続けられなくなるかもしれないというのです。

わらにもすがりたい思いで次に診ていただいた病院では、プロ選手も診察しているというスポーツ外科専門の先生が、自信に満ちた声でこうおっしゃってくださいました。

「本当は手術をしたほうがいいけれど、これなら、リハビリだけでなんとかできるかもしれない」

不安だらけだった私の前に、怪我をしてから初めて希望が見えてきました。

先生の言葉を信じ、およそ1か月の間、治療とリハビリの生活を続けました。トレーナーの方にもとてもお世話になり、筋力を維持しながら、どうにか手術を受けることとなく回復することができたのです。夏の大会には間に合わなかったものの、結局松葉杖をついてベンチ入りし、最後の試合、監督の温かい配慮で、満足に走れもしないのに代打で使っていただきました。

私はこの春から夏にかけて、不運な怪我を通して、それまでの私の人生にはなかった貴重な経験をしていたのです。真剣に仕事に取り組む大人たちの凄さと温かさ、かっこよさ。そして私の中に生まれた絶望と希望。

「事件」のあった日、あの暴言は、そんなできごとを経て回復し、教室に戻ってきた後の私に対して向けられたものでした。

初めて夢を持った!

私自身、特に情熱を入れていた野球のプレーや練習に関しては、誰にも負けない精神力を持っていたと思います。しかし、アンラッキーな怪我によって、その大切な野球を失ってしまうかもしれないと怯えていた数か月の間は、子どもながらに希望をなくしそうでした。

そんな私を救ってくれた病院の先生と、辛抱強くリハビリの面倒を見てくださった療法士の方に助けていただき、**私は、生まれて初めて、夢を持ちました。**

「医者になりたい！」

自分がしてもらったように、誰かの怪我や病気を治すことで、絶望している人を助けたい。誰もが「治せない」とさじを投げたような人を救いたい。

そういう生き方は、とてもかっこいい。

もし将来、何かの仕事をするなら、断然医者がいい。教室でバカにされた私の心の中は、そんな思いがあったのです。

医者の子に生まれたから、金持ちになれそうだから医者になる人間とは違う。私は、自分を助けてもらったように、誰かを助け、助けた人に自分がやりたいことを全うしてもらいたい。そのために医者になる。

私の気持ちに、火が付きました。

でも、私はその場で、笑っている同級生に何も言い返すことはできませんでした。なぜなら、私の成績は多少よくなったとはいえ、偏差値は40そこそこなのです。もちろん、こんな状況では医大に進めるはずはないし、当然、医者にもなれません。「バカにするな！僕にだって夢があるんだ！」と宣言したところで、「やっぱり菅沼はバカだ。こんな成績で医者になりたいだなんて、自分の実力を何もわかっちゃいないじゃないか！」と、かえって大きな声で笑われるだけだったでしょう。

私にも、それはよく理解できました。

医者になりたいなら、どうしても医大に行って、国家試験に合格しなければならない。そして医大に行きたければ、勉強して、医大に合格しなければならない。

ここで、私は気づきました。

そうか、そういうための勉強だったら、野球のように、本気で取り組めるかもしれない。今日私のことを笑って**バカにした連中を見返したいだけではない。医者になった私を待っている誰かのために、いまから頑張るのだ。**

劣等生の私に、初めて勉強をする意味が生まれました。

おそらく、中2までの私ならば、同じような暴言を浴びても心に響くことはなかったでしょう。いつものように無視して黙り込み、寝たふりでもして、嵐が通りすぎるのを待っただけでしょう。何せ、偏差値27だったのですから。

しかし、このときの私は、自分でも驚くくらい違っていました。野球で44対0の屈辱的敗戦から準優勝までチームを立て直し、不運な怪我を乗り越えた私には、バカにされたおかげで、はっきりとした目標ができたのです。いま考えれば、あのとき私をバカにしてくれた同級生には、感謝したいほどです。

どう勉強したらいいのかわからない！

野球や、怪我の克服が私に与えてくれたのは、「やれば必ずできる」という自信でした。勉強だって、きっと同じはず。それを信じて、とりあえずできることから勉強をやってみよう。そう決心した私でしたが、悲しいことに、ではいったいどう勉強すればいいのかが、まったくわかりませんでした。何せ、中学入学以降の2年半、ほとんど勉強をしてこなかったのです。

野球で結果を出し始めてから少しだけ成績が上がった理由は、私なりの、いま考えればとても単純な勉強法の結果でした。とりあえず、ふだんの中間テスト、期末テストでいい点を取れなければどうにもなりません。大学受験を目指す以上、地元の高校に戻って野球に没頭するのではなく、この場所で野球をやりながら準備するほうがよさそうですが、もし高校に行ってもこんな成績のままなら、受験はおろか、中学と違って高校では赤点で留年してしまう危険もあります。

そこで、とりあえず集中力を切らさないように授業を聞き、テストに出そうな場所をしっかりノートに書き留めて、テスト前にはひたすら、暗唱できるくらいまで徹底的に丸暗記するようにしました。

そのおかげで、学校の定期テストでは、それまで赤点だらけだったにもかかわらず、あまりひどい点は取らないようになりました。

でも、私はどうにも気持ち悪いままでした。

なぜなら、中2までの勉強をまともに経ていないため、中3のいま勉強していることが、それ以前からどうつながっているのかが根本的に理解できていないのです。

とにかく意味も考えずに出題範囲をすべて丸暗記すれば、ある程度の点数は取れます。ただそれだけでは、いったい何のためにいまそれを学んでいるのかを理解することができないのです。

そして、大学受験のために参考になる、全国規模の模擬試験での結果を見れば、私の弱点は一目瞭然でした。知識がつながっていないため、出題範囲のないテストでは、ほとんど歯が立たないのです。中3の終わりごろになると、私は野球部での練習時間以外のほとんどすべてを人知れず勉強に割いていました。前なら、空を見つめながらボーっとするためだけに引きこもっていた牧場に教科書を持ち込んで、人に見られないようにひたすら頑張ったのに、成績は思ったように上がりません。

生まれて初めてまじめに勉強に取り組んでみたものの、なかなか結果が出せないまま、高校に進学しました。

励ましてくれる人がいた

結局、勉強の方法を根本から変えていかないとダメだということ、授業で出たことをただ暗記することだけが勉強なのではなく、わからないところをすべて勉強し直さなければいけないことに、私はようやく気づきました。

どうやって私がゼロからもう一度勉強を始めたのかについては、次の章でまとめていきたいと思います。とにかく、偏差値27から40へ、そして高校1年では早くも数学で60台を取れましたし、とても苦手だった英語や国語も、高校の3年間でどうにか格好がつくようになりました。

そして、中3の途中から突然勉強を始めた私を、しっかり見てくださっていた先生方がいらっしゃったのも大きな支えになりました。

真っ先に気づいてくれたのは、中3のときの数学の先生でした。それまで、同級生の間だけでなく、先生の間でも喧嘩っ早いことで有名な問題児、そして成績の悪かった菅沼の点数が、少しずつ上がりだした。何よりも最近授業をまじめに聞き、ノートをしっかり取っている。

先生は言いました。「菅沼にはもともと数学の才能がある。それだけじゃない。他の教科だって、やれば必ずできるようになる」。そして、こんなことまでおっしゃってくださったのです。

「お前は、いちばんにだってなれる！」

いったいどんな根拠があったのか、いまも私にはわかりません。でも、誰からも勉強を誉められたことのない私に、先生の励ましがどれだけ嬉しかったか。もともと好きだった数学の勉強に、より力が入ったことはいうまでもありませんでした。

高校では、新しく赴任された先生に、勉強の仕方そのものを教えていただきました。第3章では、そのノウハウを私なりに消化したやり方で説明したいと思います。このお二方と、6年間のうち3年間の担任をしてくださった先生が、那須海城での私の恩師です。

そして、高校から那須海城に入学してきた、いわゆる「外部生」の同級生や先輩たちとは、中学までとは180度変わり、素直に仲よくなることができました。考えてみれば、野球部でも結果を出したことで、学校全体でも私の存在がだんだん認められるようになりました。成績はまだまだ全体で中くらいとはいえ、どうしようもない、ふてくされた劣等生ではなくなっていたのです。

こうして私の世界は、少しずつ、でも着実に広がっていきました。先生を殴っていた私が、高校3年間の成績は、全教科5段階平均で4・7と、自慢ではありませんがまずまずの優等生になれました。

あっさり夢は崩れ去った

医者になりたいという思いで一念発起し勉強を始めた私でしたが、思いの強さとは裏腹に、はた目にはおかしくて笑われそうな、しかし私自身にとっては十分すぎるほど高い壁が立ちはだかりました。少し話を戻します。

中学が終わり、高校に上がるタイミングでのことでした。理科の実習で、カエルの解剖を行うことになりました。

夢である医者、医学に直結する内容です。私は勇んで、前のめりになって授業に臨みました。ところが、小さなカエルをピンで固定し、脊椎を割り、お腹にメスを入れ、臓器が現れて、これが心臓で、これが筋肉で……というところまで行きつけたかどうか。私はその様子をまるで直視することができず、その場にいることさえできませんでした。

医者になれば、患者を救うために同じことを人間に対してするのです。当たり前の話ですが、未熟だった中学生の私の中では、**医者になって人を救いたいけれど、どうしても生き物の体を切り刻んだり、中身を見たりすることは、生理的にできそうにありませんでした。**どんなに崇高で、大切な目的のためであろうとも。

笑われても仕方がありませんが、嘘はつけませんでした。

医者はかっこいい。人の命を救いたい。それでも、医者にはなれそうもない。では、どうすれば?

せっかく始めた勉強を止めることはありませんでしたが、将来何になりたいのかは、また白紙に戻ってしまいました。

祖母の死と医療への思い

高校生になった私に、人生を大きく揺るがすできごとがありました。

私を家族じゅうでいちばんかわいがってくれていた、大好きな祖母との、あまりにも突然の別れでした。

高校2年のある日。いつも通りの授業中、先生に呼び出され、祖母の急死を知らされました。倒れたのでも、危篤になったのでもなく、亡くなってしまったのです。

それは、あまりにもいきなりすぎる知らせでした。

ほんの少し前、長期休みで横浜の家に帰ったときには、いつもと同じように優しく、いつもと同じように元気で、いつも同じように母に隠れてこっそりお小遣いを握らせてくれたおばあちゃんが、もうこの世にいないというのです。

死因は、急性心不全でした。

私は感情をどうすることもできなくなり、いつもの牧場に駆け込んで、誰にも見られないように泣きました。ついこの間、「またね」といって別れた人に、もう二度と会うことができない現実を受け止めるには、私はまだ若すぎました。

横浜に戻り、お葬式を出すなかで、私は肉親を亡くす厳しさを身にしみて経験しました。昔の厳しい人間そのものの祖父が、人目を気にせず声を上げて泣いているところを、私は初めて見ました。妻に先立たれた男が弱っていくというのは本当です。祖父は気の毒に、お葬式が終わってからどんどん元気をなくしていき、「俺も早く死にたい」が口ぐせになってしまいました。

私の心には、祖父とはまた違った強い感情がありました。

医者になりたい、医療に携わろうと決心したものの、カエルの解剖すらできず、この2年ただ野球と勉強を頑張ってきた私でしたが、もし私が医者だったら、名医になれていたなら、おばあちゃんを救えたのではないか、という思いに気持ちをつかまれてしまい、それがいつまでも頭の中をぐるぐると回っているのです。

まだ高校2年生ですから、医療に直接関われるわけはありません。そもそも、学力以前に、医者には不向きなのは自分でもよくわかっているのですから、理屈としてはめちゃくちゃなのですが、どうしてもそんな思いを止めることができませんでした。

祖母の死は、医者になりたいという思いを、私にもう一度思い起こさせました。「この先生に診ていただいてダメだったら仕方がない」と思ってもらえるくらい、自分も後悔しない、患者やその家族も絶対後悔させない医者になれたら、どんなにいいだろうと悩みました。

新しい夢

学校に復帰すると、私は再び野球と勉強の日々に戻りました。医者になりたい気持ちは人一倍あるのに、医者にはなれそうもない自分は、いったいどうすればいいのか。答えが出ないまま、野球に打ち込む毎日でした。

そんなときにたまたま知ったのが、脳神経外科の権威、福島孝徳先生の存在でした。顕微鏡を使う「鍵穴手術」で大勢の患者の命を救う先生のことを知り、著書も読んでみました。先生も古くからの地主の家が実家だったこともあり、勝手に親近感を持つとともに、とても感銘を受けました。やはり、誰もやっていないことに挑戦して次々と患者を救う医者は、文句なしにかっこいいのです。

しかし、自分に手術はできない。では、どうすればいいのか。悩んでいた私は、ある日、ひらめきました。

医者になれないなら、医者が働き、患者がやってくる場所を作ればいいのではないだろうか？ 病院を作り、うまく運営、経営していくことなら、きっと医者じゃなくてもできるはずだ。

だったら私は、病院の経営者を目指せばいいのではないか？

われながら、これはいまでも誉めてあげたい発想の転換でした。医者になれず、直接患者を苦しみから救ってあげられないなら、できるだけ患者の命を救えるような環境を作り、すごい医者に来てもらって、私の代わりをしてもらえればいいのです。

善は急げ。この時点で、受験まであと1年と少しでしたが、病院でもなんでも、経営するなら経営学を学びたいと考えた私は、得意だった理系中心の勉強から、経営学に必要な文系の勉強にスイッチしました。医者になりたいという目標が、病院の経営者になりたいに変化したのですから、私の中では当然の決断でした。

大学の進学先も文系に変え、経営を学べるところを志望することになります。実家にできるだけ迷惑をかけないよう、自分で学費を稼ぎやすい国公立大学で、経営学を教えてくれるところを探し始めました。

甲子園への夢

どこに進学するかを自分の中で納得して決められると、ひとまずは野球に没頭しました。なんと言っても、中学のたった10人の同好会から続けてきた那須海城の野球部で高3になるわけですから、やはり、甲子園を夢見ないわけにはいきません。大学受験のチャンスは一度ではありませんが、高3の、特に夏の大会は、泣いても笑っても一生に1回しかない大切なものです。

勉強はほどほどにしておき、野球に打ち込みました。打率も上がり、5月ごろには練習試合も連戦連勝で、県予選でもまずまずいいところまで狙えるのではないかと思っていました。ベスト16、場合によってはそれ以上も夢ではないかもしれない。チームメイトたちも自信満々でした。

ところが、学生時代の野球選手としての私は、本当に運には恵まれていませんでした。夏の予選を1か月後に控えたあたりで、バント練習の際に左手の薬指を深く切ってしまったのです。

幸い骨に異常はなかったのですが、それでも完治までに1か月かかると診断されてしまいました。野球部6年間の集大成として、いちばん練習したい熱い時期に、左投げの外野手だった私は、白いボールを握れば血で染まってしまうような状態になってしまったのです。

泣きっ面に蜂ではありませんが、子どものころから酷使してきて、もともとあまりよい状態ではなかった左の肘もいちだんと悪化していました。鎮痛剤を飲んでどうにかごまかしているような有り様でしたが、それでも私は試合に出ることを選びました。

しかし、不運はくじ運にまで現れてしまいました。栃木県予選は、多くの学校にとって初戦は2回戦からだったのですが、そこでいきなり、甲子園の常連校で、新たに校名を変えたばかりの文星芸大附属高校（旧・宇都宮学園）と当たってしまいました。

結果は、13対0の完封負けでした。善戦はしたものの、やはり優勝常連校に打ち勝つことはできませんでした。こうして、高校球児としての私は引退することになったのです。

浪人を決めた理由

他の多くの高校球児たちと同じく、私も夏の大会の終わりとともに頭を切り替え、新たな夢・経営者に向かっての受験勉強を始めました。

しかし、得意な理系科目を活かしにくいという新しい問題に直面しました。私は本当に文系科目が苦手で、英語はまだしも、国語、特に現代文は本当に不得意でした。どうすればいいのか、何も手応えが得られないのです。

先生や、現代文が得意な同級生にヒントを聞いてもピンときません。要するに現代文というのは、もとから得意な人は得意で、もともと苦手な人はいつまでも苦手なのです。

でもそんなことがわからなくて、残り少ない時間を苦手克服に費やし、ほとんど成績も上がらないままに、あっという間に受験シーズンを迎えました。

翌年の春、私はいくつかの私立大学に合格することができました。5年前、偏差値27を叩き出していたことを考えれば、これでも十分頑張ったと胸を張れる、奇跡のようなできごとでした。

でも、変な意味で欲が出てきました。

私が当時行きたかった大学は、第一に、仙台の国立大学、東北大学の経済学部でした。なぜかというと、そこには私が慕っていた野球部の先輩が進学していたのです。そして、前にも述べた通り、親に学費で迷惑をかけないよう国公立大学に進みたいという思いがあり、そうした意味でも条件にマッチしていたからです。

もうひとつは、横浜国立大学でした。経済学、経営学が看板の国立大学ですし、なんといっても私の地元、横浜の学校です。6年ぶりに地元に戻って勉強するというのは、やはり捨てがたい魅力がありました。こちらは12月に推薦入試を受けたのですが、いままでは考えられないくらい面接で緊張してしまい、話になりませんでした。

現役のときに合格した私立大学も、申し分ないところではありました。両親もそのくらいの学費は出してくれると言ってくれたのですが、反対に私の中に、もっと上に行けるのではないかという欲が生まれてきました。

夏の予選まで野球ばかりしてきて、苦手科目に苦しみながら、実質半年の勉強でここまで来られたのだから、浪人してあと1年しっかり勉強すれば、東北大や横国大、あるいはもっと難しい大学だって狙えるはず。そこでは、きっと素晴らしい経営学が勉強できるだろう。

そして、入学以来迷惑をかけ続けた母校と先生方に、私が自分の力で恩返しできるのは、ひとまず合格実績だけです。もっといい大学に合格して、母校の名を高めたいとも思っていました。

いずれにしても高校は卒業するのですから、進学しようと浪人しようと、横浜に帰ることは変わりません。ならば実家から予備校に通い、もっと高い目標を狙う。負けず嫌いの自分が、気持ちをそのように決めさせました。

本当の勝負は、1年後だ。そう誓って、私は浪人生活に入りました。

追い込みすぎて失敗する

地元横浜に戻った私は、家から近い町田市の予備校で、一橋大学合格を狙うコースに通い始めました。つまり、目標をさらに高く設定したのです。

一橋に受かるつもりで勉強していけば、鍛えられて、来年東北大に行きたくなっても余裕で合格できるだろうし、仮に東北大を諦めても横国や慶應には行けるだろう。そんな考えでした。

実際、同じコースに所属している学生の中で、私は最初から最後までいちばん成績がよかったのです。とにかく勉強漬けの日々を送っていましたから、当然の結果だと思っていました。講義と自習室と自宅の行ったり来たりで毎日は過ぎていきました。ほとんど遊ぶこともせず、春からずっと高い集中力を保って浪人生活を送りました。それもこれも、野球での経験や医療への思いがあったからこそです。

次第に模擬試験の成績も上がっていきました。もしかしたら、本当に一橋大学に合格できるかもしれないレベルまで来ることができたのです。何と言っても、一橋大学は、国公立大学の中では経営学系の最高峰のひとつです。

あとは、本番で結果を出すだけです。だんだん近づいてくる受験シーズンを前に、私は集中力を高めていきました。というより、意識しなくても高まってきました。

ところがここにも、実は予想もしていなかった落とし穴があったのです。

この当時、私自身、自分のことをプレッシャーに強く、本番に強い人間だと思っていました。というより、そのはずだと言い聞かせていました。

野球の試合でさまざまなヒリヒリする経験を経ているのですから、ただ勉強だけしてきたような受験生よりは、断然経験値も高く、腹が据わっているはずでした。

しかし、前年の横国大の面接で緊張して失敗したように、私は案外、ひとりでことに当たるケースにおいては経験が浅く、どうすればいいのかわからなくなってしまう弱い部分があったのです。

12月、そして1月と、第一関門である大学入試センター試験が近づいてくるにつれて、駅のホームで電車を待っている間、こんな思いが頭の中から抜けないようになってしまいました。

「こんなに勉強したのに、ここまで頑張ったのに、もし失敗したらどうするのか。辛くて、きっと生きていけないだろう」

集中し、自分を追い込みすぎたことがかえってアダになり、自分で自分自身を縛り付け始めてしまったのです。

考えてみれば、おかしな話なのです。そんなに勉強したのだから、そこまで頑張ったのだから、きっと受かるはず。最悪第1志望に行けなかったとしても、どこかには必ず行ける。万が一全部ダメでも、一生懸命やったことには変わりない。那須海城時代の友人や、いまの私が当時の菅沼少年を見かければ、きっとそんな言葉でもかけたことでしょう。

でも、チームプレーである野球とは違い、受験の本番はひとりぼっちの勝負です。自分の調子や気持ちが落ちたときに、まわりに励ましてくれるチームメイトも、監督もいないのです。

冗談抜きに、ホームから線路を見つめ、もし悪い結果が出るくらいなら、いっそ受験せずにいまここで飛び込んでしまったほうが楽になれるのではないか？　と本気で思い込んでしまうこともありました。

こんな調子で受験に臨んでも力が出せないのは、いま考えれば当然です。センター試験でも、期待していた点数には遠く及びませんでした。合格確実と模試判定が出ていたある私立大学の入試では、トイレが我慢できなくなり、途中で退出し、試験を放棄してしまいました。始まる前にトイレに行っておくことなど常識中の常識ですが、それを忘れるほど緊張していたのか、あるいは緊張しすぎてトイレが近くなってしまったのか、もう思い出せません。反対に、滑り止め中の滑り止めで受けた私立大学では、何も緊張せずに臨めて全力を発揮でき、全額奨学金で進学できるおまけつきで合格通知をもらいました。おそらくトップかそれに近い成績だったのだと思います。

でも、何の慰めにもなりませんでした。**私は驚くほど本番に弱く、感情をコントロールできない小さな人間でした。**それを知らないまま本番に臨んでしまい、結果を出せませんでした。

皮肉にも、町田の予備校で同じコースに通っていて、いつも私より成績の悪かった人が複数、一橋大学に合格しました。いっぽうの私は、このセンター試験の成績では一橋は絶望的で、横国大に出願しても合格できるかどうか微妙でした。

こうして、どん底からさまざまな失敗を経ながらもなんとかここまで這い上がってきたはずが、私は再び大きな穴に陥ろうとしていました。

再び夢を見失う

すっかり弱気になっていた私は、横国大も落ちてしまうのではないかと恐れ、ほぼ確実に合格できるであろう、横浜市立大学の2次試験を受けることにしました。**完全に後ろ向きの発想でした。**落ちてもいいから横国大を受けて、たとえ不合格でももう1年頑張るという選択もあったのでしょうが、このときは、自分の中に再び頑張って受験しようという意欲がまったく湧いてきませんでした。

この時点で、私は後悔のかたまりになっていました。せっかく頑張ったのに結果が出なかったことを悔み、後悔がひとの形をして歩いているようでした。それは、市立大の2次試験ではすっかりプレッシャーから解放され、試験時間の半分でほぼ満点の答案ができたことからも明らかでした。

偏差値27から、指をさされて笑われながら頑張ってきて、国公立大学に入れたのだから、引き続き一生懸命勉強すればいいじゃないか、病院経営の夢はどうしたのか、と人は思うでしょう。でも、当時の**私の中にあったのは、失敗、後悔、無念、中途半端、自虐、安全志向、事なかれ主義といった感情が渦を巻いたような**

ものでした。

もういいんだ。自分はしょせんこの程度の実力なのだから、あとは適当に楽しくやろう。すっかりしょげてしまい、そんなことばかり思うようになっていたのです。

こうした私の思いとは裏腹に、母校・那須海城では、私が横浜市立大学に合格したことを喜んでくださいました。あのどうしようもない、「伝説の問題児」菅沼勇基が、自分で受験して国公立大学に合格したのですから、「更生」させた先生方の喜びもひとしおだったのでしょう。

学校が入学希望者に配布するパンフレットに載せる座談会に出席するよう頼まれました。そこで私は、将来の夢として「公務員」「できればＭＢＡ（経営学修士）を取得したい」と述べています。いまからでは考えられません。夢だったはずの病院経営など、どこにもありません。おそらく私自身が本番での弱さにこりごりし、地味でも安定、安全を目指していたのでしょうし、真面目なことを言って、先生方を喜ばせたかったのでしょう。

でも、本当の私は、横浜市立大に入学を決めてからというもの、夢や目標と向き合うという気持ちがうとましくなっていました。毎日起きることすべてが嘘くさく、面倒くさく感じられました。せっかく学んだはずの謙虚さ、真面目に取り組む気持ち、そして勝

那須海城のパンフレット。OB座談会に登場

ってきた方法を忘れてしまい、せいぜい大学生活を人並みに楽しみ、中高6年間の全寮制生活、そして7年目の浪人生活でできなかったことをして過ごせばいい、と、ごくありがちな発想になっていたのです。

いくら学費が安い市立大とはいえ、無料ではありません。学費を稼ぐためにアルバイトをすることにしました。もしアルバイトのほうが面白くて、予想通り大学がつまらない場所なら、大学なんかすぐに退学してもいいとさえ思っていました。

気がつけば、せっかく頑張ってきたのに、私の気持ちは偏差値27のころとほとんど変わらないような状態にまでやさぐれてしまっていたのです。一念発起した日が、ウソのように遠く感じられました。

やさぐれコンビの仙台ツアー

私が選んだアルバイト先は、実家の最寄り駅のすぐ近くにある、大きなスーパーマーケットでした。

別に、スーパーという職場や、販売という職種に関心があったわけではありません。もちろん、学校と家を往復する際は必ず駅を経由しますし、買い物があればそのスーパーに立ち寄ることが習慣化していますから、バイト先としては効率がいいのは確かなのですが、わざわざそこを選んだ理由は、レジにかわいい女性が勤めていて、前から気になっていたからでした。

要するに、そこにバイトに行くことで、その人と近づきたい、仲よくなりたい、付き合いたいと思っていたわけです。

ただ、大方の予想通り（?）、うまくは行きませんでした。お近づきになり、仲よくなるところまでは行けたけれど、やはり7年間も男ばかりの環境で生きてきて、そのうえ人生を適当に投げ出し始めていた私に、女性から見た魅力などほとんどなかったのだと思います。1か月くらいで告白して、当然のように振られてしまいました。

それはそうなるだろう、と思われるはずです。いまなら私でもそうです。でもこのときは、何も勝手がわからないまま、それでもどうにかしたくて勇気を出し、初めて告白して振られてしまったのですから、一段と自暴自棄的な、もうどうでもいいという感覚になったことだけはご理解いただけるのではないかと思います。

4月の中旬に振られ、世間ではゴールデンウィークが近づいていました。もし告白がうまく行けば、ゴールデンウィークに彼女になったその人とデートするのだろう……などと妄想していた結末は、実に残酷でした。

そんなとき、偶然、仲よくしていただいていた高校の野球部の先輩から電話がありました。先輩は八王子に住んでいて、私の家からはそれほど遠くありません。先輩は理系で、一浪して東京理科大学に進学したものの、学校と馴染めず、留年してやさぐれていました。だからこそ、私も素直に心を開けたのだと思います。

私が最近の事情を話すと、先輩は驚きの提案をしてきました。

「菅沼。それなら、ゴールデンウィークは自転車で仙台に行かないか？」

私が一時、東北大学を受験したいと思う理由になった別の先輩をいっしょに訪ね、泊めてもらおう、というのです。それも、自転車で。

なんとも唐突すぎる、言ってしまえば何も意味がなくて、バカげた誘いなのですが、私は不幸のどん底の中で何かしら予定ができたことが嬉しくて、二つ返事で応じてしまいました。

バイト先のスーパーではすでに連休中のシフトが発表されていて、私はずっと働くつもりで入れてもらっていたのですが、急にやはり休みたいと切り出すと、バイト先の社員さんは怒りました。

「で、どうして休みたいんだ？」と聞かれたので、「自転車で仙台に行くんです」と正直に答えたところ、「あんたね、ウソつくなら、もうちょっとマシな理由を考えてきなさい！」と信じてもらえませんでした。

こうして、大学生になって1か月、再び人生の底をさまよっていた私は、理由もわからないうちに、自転車で仙台を目指すことになったのです。

3日自転車を漕ぐと仙台に着く！

誘ってくれた先輩は自転車が好きで、ロードバイクを持っていました。しかし、私が乗っていたのは、駅と自宅の往復に使っていた普通の自転車、ただのママチャリです。誘われてOKしたときには深く考えていなかったのですが、いざ当日、自宅からまず八王子の先輩の家に行っただけで、仙台に行くなど考えるのも嫌になるくらい辛いことに気づいてしまいました。

私は中高を那須で過ごしたため、実家のまわりの地理にあまり詳しくありませんでした。しかもいまとは違って、GPSのついたスマホで地図を見られるような時代ではありません。道路標識と紙の地図、なんとなくの土地勘だけを頼りに、暴走族に絡まれそうになりながら夜道を4時間かけて向かいました。

先輩の家で仮眠し、夜明けとともに仙台を目指して出発しました。先輩のロードバイクはママチャリとは速さも軽さも勝負になりませんから、私に合わせてゆっくり走ってくれました。

私はと言えば、お金もバイトで稼いだ数万円しか持っていません。荷物もなく、というより何を持っていけばいいのかすらよくわからず、ママチャリの前かごの中にいつものカバンを入れただけでした。もちろん、自転車で長距離を走った経験はありません。本当に仙台に着けるのか、そもそも今日、日暮れまでにどこまで行けるのか、体力は持つのか、いろいろなことが心配になってきました。

先輩の考えたルートは、遠回りになるものの坂の少ない海沿いの国道6号線を北上するルートでした。距離が短いのは内陸を通る国道4号線ですが、栃木県内は坂が多く、かえって辛いというのです。そこでまず、東京を東に向かって横断し、6号線を目指しました。

初日は、茨城県まで行き、筑波大学に進学していた先輩の家に泊まりました。3時間ほど仮眠して、2日目は本格的に海岸線沿いを走り続け、今度は福島県相馬市のラブホテルに、先輩と男2人で泊まりました。

途中、私の自転車がパンクし、自転車屋が見つかるまで押して歩いたこともありました。急な雨に降られたものの、カッパなど準備しているはずもなく、コンビニの袋を切って頭からかぶり、しのいだこともありました。無謀そのもので、初日は何度も自転車を置いて電車で帰ろうと思いましたが、2日目にもなると慣れてきて、とても楽しく感じられました。

自転車を漕ぐという行為が、これほどまでに喉が渇き、腹が減るものだとは知りませんでした。初夏の陽気でしたから、あっという間に水分が不足しますし、食べても食べてもお腹が空くのです。

そして、足が痛くなるのは当然として、気持ちと言うか、精神がギリギリまで追い詰められるのも初めての体験でした。ほとんど眠らずに漕ぎ続けているので、途中単調な道になると、意識が飛びそうになってくるのです。

それでも、不思議とペダルを回すリズムが、だんだん体に馴染んできます。海を右手に見ながら、自分の力だけでどんどん北に進んでいく。楽しさときつさがだんだん逆になってくる。やさぐれコンビの先輩と後輩は、風を受けながら、黙々と仙台に向かってペダルを漕ぎ続けました。

3日目、日没直前に、どうにか仙台の街に入ることができました。仙台市の一歩手前、名取市に入ったあたりからすでにテンションが上がっていたのですが、「仙台市」という案内標識を見た瞬間、経験したことのない達成感が私の心と体を襲いました。先輩とふたり、快哉を叫びました。

東京を離れてからは延々と田舎や自然の中を走り続けてきたので、都会のビルの中、それも初めて訪れる街をママチャリで走っている自分が不思議で、ふわふわしていて夕暮れの空を飛んでいるようでした。

東北大学に通う先輩と合流し、ご飯を食べて、振られた女の子に電話して「バカヤロー」と言うつもりが、出てくれず留守電になってしまいました。まったくもって迷惑このうえない話ですが、いま思えば本当に本人に向かって暴言を吐かずに済んだことを感謝するべきでしょう。

冒険は達成すると癖になる

3日間をママチャリで走り通し、とにかく進んでみたら、本当に仙台にたどり着けた。

これだけを聞けば、バカみたいで、身になりそうもない話です。

でも、**やさぐれていた私は、もう一度目標を達成する快感を思い出すことができました。**

できるかどうかわからないことが、やってみたら本当にできたということに、とても感動したのです。

爽快で、嬉しくて、泣きたくなる。他にももっといろいろなことができそうな気がする。もっとあれこれやってみればいいのではないか?

バカげていても、バカだと言われても、無理そうでも、したいと思う目標ならまずやってみればいい。

事実この後、私は勝手な目標を立てて「冒険」を達成していくことに、病みつきになってしまいました。

大学1年の夏休み、今度は岐阜から横浜までママチャリで旅行しました。私の話を聞いた岐阜の大学にいる先輩が、それなら自転車を陸送してほしいと頼んできたのです。私は喜んで引き受け、見事達成しました。

でも、長い長い静岡県内が退屈で仕方がないこと、そして箱根駅伝の名所である箱根峠は、冗談でもママチャリで上り下りするものではないと感じました。いっぽうで、実際にできてしまうともっと困難なことに挑戦したくなってきます。一段と高い目標が欲しくなってしまうのです。

パリ・ダカールラリーをテレビで見て、同じようなことができないか考えました。大学の野球部でできた友だちと、「青春18きっぷ」(普通列車が乗り放題のJRのきっぷ)を使って、駅で野宿しながら北海道を目指し、函館でレンタカーを2日間だけ借りて、交替で運転しながら48時間以内に北海道の海沿いの国道を1周しました。それが達成できたら今度は九州で同じことをしてみました。

車ばかりではつまらないので、房総半島を自転車で1泊2日だけで回れるか試してもみました。どれも思い切りバカげていましたが、いまでも楽しい記憶となっています。

そして、人生にも「春」がやって来た！

さすがにバツが悪くなり、近所のスーパーでのアルバイトはやめましたが、アルバイト自体は学費と「冒険」の資金稼ぎのために続けていました。そして、学校の授業はあまり真面目に出ていませんでした。

もともと入学当時から、大学に対する期待値が下がったままでしたし、実際に授業をのぞいてみても、望んで選んだ経営学のはずなのに、講義にはまったくといっていいほど身が入りませんでした。

当時の私のテーマは、「いかに授業に出ず、学校に行かずして、単位を取るか」でした。

こう書くと美学のようですが、要するに学生としては「クズ」のような存在でしかありませんでした。楽しむときだけ思い切り楽しみ、残りは適当に過ごす。「冒険」以外の生活は、いま思えばダラダラしているだけで、およそ時間を有効に使おうという気がありませんでした。

野球は相変わらず好きでしたが、硬式ではなく、軟式の野球部に属していて、以前のようにまじめには取り組んでいませんでした。

そんな私に文字通り「春」がやってきたのは、翌年、2年になったときでした。新入生歓迎会で出会った女性に、私は完全に一目惚れしてしまったのです。

彼女は見た目も性格も真面目そのもので、尊敬できる、しかし守ってあげたくなるような、それまでに出会った人とは何もかもが違う女性に感じられました。何とかして彼女に近づき、付き合いたい、と思ったのは大学入学前後と変わりませんが、私はバイト先の女性に振られてからというもの、この1年の間に、少しだけ「勉強」していたことがあったのです。

大学生活に退屈していた私は自分で勉強してみたくなり、書店をめぐる癖がついていたのです。そこで手当たり次第に学んだ販売戦略、経営戦略、そしてマーケティングのテクニックや心理学などの知識によって、本を読み始めたばかりだったにせよ、浪人を終えたばかりの私とは格段に「戦略性」が違っていたのです。

付き合いたいなら、まず信頼関係を築くことが先決です。そして、信頼関係構築のベースとなるのは、接触の機会を増やすことが決定的に重要です。そこで私が考えた戦略とは、彼女をまず私が所属している軟式野球部に誘い、マネージャーになってもらうことでした。

所属してもらえたら、今度は接触の回数を増やしながら、私という人間の長所、つまりかっこいいところをアピールしていきます。実を言うと1年生の間は「冒険」ばかりで野球はあまりまじめにしていなかったのですが、急に方針を転換して、野球に青春を燃やしている自分を見てもらいます。実際野球なら長年の蓄積がありますから、他の人より自分が優れていると思ってもらえる確率が高くなります。

しかも、このとき彼女には付き合っている人がいたので、いずれにしてもある程度の長期戦は覚悟しなければなりません。ただ、望み通り付き合えるようになれば、二人だけの時間以外も、野球を通してともに何かができるわけですから、毎日はグッとバラ色になるはずです。

まず彼女が入部し、マネージャーになってもらうことに成功すると、私は急にまじめに練習に顔を出し始めました。彼女がよくいる場所をチェックし、そのまわりを重点的にランニングし、特に入りたてで不安なころから、毎日少しずつ、しかし積極的に声をかけていくようにしました。しまいには、学校に来ているのに授業にはほとんど出ず、野球だけ頑張っているような状態になりました。

1か月ほどが経過し、私から一方的に声をかけるばかりだった関係が変化し始め、彼女のほうからだんだん「頑張ってください」と言ってもらえたり、他愛もない話をしたりするようになってきました。

こうして機会を得て、私は彼女と付き合うことになったのです。

私の恋愛テクニックはまたいつか機会があればお伝えしたいと思うのですが、ここまで彼女に入れ込んだのは、本当に誠実で、真面目で、付き合うことでたるんでいた私自身が真っ直ぐになれるような、しっかりした人だったからです。

受験に失敗したくらいでやさぐれて、世の中を斜めに見ているような自分ではいけない。まじめに勉強し、いいところに就職してお金を稼ぐのは、もしかしたらこの人を喜ばせ、ご飯を食べさせ、欲しいものを買ってあげて、不自由なく暮らしていけるようにするためなのかもしれない。そんな気持ちにさえなれる人でした。

だから、どうしようもないところ、格好悪いところなど見せられない。しっかり将来に向けてお金を稼げるように勉強していくのだと決めました。大学の講義が物足りないのなら、いままで以上に自ら学ぶことを決めて、本を読み、経験を重ねて自分で勉強していこうと思いました。野球はいままで通り頑張り、いつまでも素敵な彼氏でいようと思いました。おかげで大学時代、外野手部門でベストナインを受賞することができました。

思えば、私はまだ20歳でした。なんとも子どもっぽいお話ばかりでお恥ずかしい限りですが、いまこうして振り返ってみると、子どもであった自分は、あっちにぶつかり、こっちにぶつかりしながら、それなりに一生懸命生きてきたと思います。そして、自分の経験とよい人たちに恵まれたことで、さまざまな失敗を重ねても、そこに新しい意味を乗せ、再出発できたと感じています。それが当時の彼女に伝わったからこそ、彼女との楽しい日々を過ごすことができたと思うのです。

でも、私の人生はいつだって山あり谷ありです。今後の人生すべてを彼女に捧げたいと思っていた日々は、ある日突然、終わりを告げてしまいました。

安定第一、幸せな生活を中心に考えて行うはずだった就職活動は一変し、自分自身を見つめ直しながら、再び高い目標を試す人生が始まりました。私は就職活動に全勝し、本当は行くつもりだった大手証券会社を断って、大手不動産会社に就職します。

そこでの貴重な、しかし辛い経験をもとに、いままでのすべての思いを統合したビジネスを進めるため、起業します。

この章までは、私、菅沼勇基という人間を知っていただくために、小さなころからのできごとを、エピソードを中心に述べてきました。次の章からは、実際に偏差値27だった私がどう学んだのか、どう就職活動を勝ち抜いたのか、そしてランドマークタワーにたどり着いたのかを、戦略と戦術に分解して述べていきたいと思います。

Chapter 3

一発逆転！ダメな自分の戦い方

夢は無謀でもいい

私のこれまでのいろいろなエピソードを、少しでも面白がっていただけたり、共感していただけたりしたら、とても光栄です。こうして自分で思い返してみても、実に、あっちに行ったりこっちに行ったりしてお恥ずかしい限りなのですが、誰かのお役に立てるなら、恥のかきがいもあるというものです。

ダメな自分だけど、なんとかしたい。一発逆転を狙いたい。私は、そんな人を精一杯応援したいと思います。

でも、あらためて振り返ってみると、私は自分自身の中にいくつかの線が見えてきます。それをひと言で言うなら、どうしようもない自分をどう奮い立たせ、夢を持ち、目標を掲げて、具体的にそこにどうやって向かっていくかという流れを、不器用ながらも、徒手空拳ながらも繰り返していることです。

中2までの私は、何においても結果が出ていませんでした。出ていない理由は、自分が劣っていたからではなく、夢や目標がなかったからでした。

自分はダメな人間だ、だけどこのままでは悔しい、と思っている人は、まず夢を持ち、目標を立て、そのうえで戦い方を考えるといいのではないでしょうか。いまの自分に夢や目標があるかないかは、自分自身がいちばんよくわかっています。

だから、もし何も夢や目標がないのなら、まずはどんなものでも夢を持つことをおすすめします。

どんな夢を持てばいいのか、という質問に、一般的な意味でお答えするのは簡単ではありません。その人なりの歩んできた道、考え方や性格、得意と不得意、そして自分自身をどう評価しているかなどが複雑に絡み合っているからです。

ただ夢は、ひとまず「あること」そのものが大切です。現時点で、本気で思っていること、本気で考えていることであれば、極端な話なんでもいいと思います。昔少しだけ思い描いてみたことでも、身近なあこがれの対象になることでもいいでしょう。突飛でも、できそうになくてもかまいませんし、人から笑われそうなものこそ、むしろ適しています。偏差値40で医者になりたいなんていう私の夢は、無謀以外の何物でもありません。

心からかなえたい夢さえ持てれば、しめたものです。ダメな私たちが持っている武器は、もともと頭のいい人には備わっていない「気合いの量」です。

夢を持った後で、バカだと笑われ、恥をかかされた私は、そのおかげで気合いが入りました。言ってみれば、笑われた、恥をかかされたおかげです。

ダメだった自分にとって、いちばん悔しい思い出、もっとも恥ずかしい目にあわされた記憶を掘り起こしてみてください。そのときのザラザラした思いが、私たちの最強の武器であり、今後の圧倒的に戦いを有利にするアイテムになります。抱いた夢と、そこに向かうための目標をつかむための、大きなパワーになります。この章では、一発逆転を可能にし、圧倒的に勝ち進んでいくための戦略の基礎を考えてみたいと思います。

一度目標達成感を味わうと突き抜けられる

夢は、大げさであればあるほど、時に忘れ、恐れ、見失ってしまうことがあります。でも、慌てたり、過度に自分を卑下したりする必要はありません。

大学入学直後の私が、先輩と仙台に自転車で行った話は、本当にバカげていると思います。要するに、女の子に見境なく告白してあっさり振られたダサい男が、ママチャリで仙台に行ったというだけの話です。われながら、夢もへったくれもあったものではありません。

ただ、このエピソードが私にとっていまも大きな意味を持っているのは、夢を持っていないか、持っていても忘れてしまっている人にとって、とりあえず目標を掲げてみて、パワーを全開にして、一度達成してみることの意味は大きいからです。

私たちが、自分はダメだ！　と思ってしまう理由はふたつのパターンがあると思います。**目標を掲げているけれど高すぎて、または高すぎると尻込みして実行できないか、あるいは目標そのものがなく、ただなんとなくダメだと思っている**かです。

私がまずおすすめしたいのは、とりあえずなんでもかまわないので、あまり深く考えずに「ちょっとできそうにない目標に挑んでみる」ことです。

落ち込んだり、自分を卑下したりしているのは、とても辛いことです。変わりたいと思っている人ほど、きつい日々を送っているはずです。

でも、私のこんな本を手に取ってくれて、しかもここまで読んでくださっている以上、心の中にはきっと熱い何かが燃えているはずです。いままでの人生の中で、一度は一念発起した経験が、夢を持った瞬間があったはずです。

それこそが、私は一発逆転を可能にする原点であり、原動力だと思います。なぜなら、まだ諦めていないからです。まだ諦めていないから、目標が達成できないことが耐えられず、苦しく感じられて仕方がないのです。

まず必要なのは、一度、自分のパワーを全開にして、思い切り、倒れそうになるまで突き抜けること。もしかしたら、自分にもできるのではないかと思い込むことです。

いま悔しい気持ちを持っている人なら、絶対にできます。悔しさこそがガソリンになります。逆に冷静で頭のいい人ほどこれができませんから、私たちのチャンスはここに存在します。

これは、どん底を見た私が保証します。もう一度一念発起したところから始めればいいだけです。

目標を立て、計画を立て、実行して検証する

かつて持っていた夢に近づけそうな目標を、具体的にひとつ思い浮かべてください。すぐに思いつけなかったり、いまさらできないことばかりだったりするならば、この際なん

でもかまいません。いまの自分にはちょっとできそうにないけれど、できたらすごそうな目標を設定してみます。

1日で知らなかったことを100個知る。1週間で100人と友だちになる。1か月で10万円貯金する。理由なんて不要です。なんでもいいのです。

どうしても思いつかないなら、とりあえず私のように、ママチャリで仙台に行ってみてください。

目標を立てたら、いまこの瞬間から、**その目標を達成するために必要な計画を立ててみます。**本気で仙台に行くなら、まず自転車を手配して、何万円かお金を用意して、国道4号で行くか6号で行くか考えて、泊めてくれる人がいなさそうなら野宿するのか、どこの街に泊まるのかを考えて……と、具体的なことがいろいろと浮かんできます。ここは、具体的であればあるほどよいでしょう。

そして、**計画を立てたら必ず、必ず実行します。**ダメで見通す力がなく、状況を深く考えられないことをむしろ逆手に取って、細かいことを気にせず、とにかくスタートしてしまうのです。

仙台に向かったはいいものの、途中でタイヤがパンクするかもしれませんし、自転車が壊れてしまうかもしれません。大嵐に襲われるかもしれないし、考えたくないけれど怪我するかもしれません。結局自転車を乗り捨てて、電車で戻ってくることになるかもしれません。

でも、それでまったく問題ありません。

実際にやってみた、実際に仙台に向かってペダルを漕ぎ出したことそのものが、とても価値のあることだと私は思います。成功できた私は素晴らしい体験ができましたが、あのとき失敗していたとしても、それはそれで素晴らしい体験になったはずです。悔しくて、もう一度リベンジしたに違いないでしょうし、そのときの気合いの乗り方は、きっと相当なものになったはずです。

目標を立て、やみくもに実行してみる。達成できれば最高だけど、できなければもう一度考える。とにかくまず、菅沼にだまされたと思って、一度この流れを踏んでみましょう。

私はこんな夢を持つことにした！

私にとっての目標とその達成は、中2の後半以降の野球であったり、仙台へ自転車で行ったことだったり、勉強した結果偏差値がだんだん上がったことであったり、大学2年で告白した彼女と付き合えたりしたことです。

このように、目標と達成の関係がうまくいくようになると、**「やる→できる」、あるいは「やる→できない→もう一度やる→できる」**という流れが、心と体に染み付いていきます。ダメな自分でもできる、というより、ひょっとしてダメだからこそ怖いもの知らずなのではないか、と思えるようになってくるのです。スタート地点はどこでもかまいません。とにかく、前に進んでみます。

すると、不思議なことに、よりすごい夢が見えてきたり、大きな夢が持てるようになったり、昔の夢を思い出したりするようになります。こんどは、前よりもできそうな気がしてきます。

医者になりたい。病院を経営したい。人の役に立ちたい。そうした夢が、自分の中にはっきりと認識できるようになります。

中2の秋、44対0でボロボロに敗戦した私たちの野球部で、とにかく私は、勝つことを夢見るようになりました。

しかし、野球はひとりで勝てるわけではありません。守りも攻めもチームワークが存在して初めて、作戦が成立するスポーツです。自分がただ勝ちたい、勝つのが夢だと思ったところで、他のみんなにもそう思ってもらわなければ、絶対に結果はついてきません。

そこで私は、**夢を達成するために、思い切って自分を変えました。**自分よりも下手だからという理由で見下し、いっしょに練習することを避けていたチームメイトたちに対して、どうすればみんなの実力を伸ばし、チームの戦力に変えていけるかを考えるようになりました。そのために自分が何をすればいいのかを突き詰めました。

これは、ダメな自分だったからこそできたことだと思います。

技術だけではなく、練習でも試合でも、チームの雰囲気を盛り上げることが大切だということも身をもって学びました。下手くそだった初心者の後輩と辛抱強く付き合っているとメキメキと腕を上げ、試合で練習以上の結果が出るようになると、みんなが勢いづくようになります。すると不思議なことに、私自身もどんどんそれに引っ張られていくのです。

私が医者の息子にバカにされたとき、教室に私の味方はいませんでした。でも、野球部では、時間こそかかったものの素晴らしい先輩後輩関係を築くことができました。怪我をした私をみんなが支えてくれました。

私が、自分の胸の中に芽生えた夢を捨てず、その後の夢も大事に抱えて生きてこられたのは、間違いなく、あのときのダメだった野球部のおかげです。野球で目標を掲げ、勝ちたいという夢に向かって無鉄砲に進めたことが私にとっての大きな自信となり、その後の人生の力になっていくのです。だからこそ、身近なところでまずは目標を立て、自分の悔しい気持ちを燃やして動いてみます。まずは一度でいいので、「やればできる」という現象を体験することがポイントです。

医者になる夢をあっさり諦めたわけ

夢は必ずかなう。そう断言できれば、私たちの人生はどれほど素晴らしいでしょうか。でも、ここまでの私の話を読んでくださった方なら、人生が決してそういうものではないことも理解していただけるでしょう。

夢はかなえられたら素晴らしいのですが、残念ながら、かなわないこともあります。時には、夢を諦めなければならないこともあります。これは、現実として知っておいたほうがいいと思います。

ここで問題になるのは、どう諦めるのか。細かく言えば、**どう諦めることが、その後の自分にとってプラスになるのか**です。

中3のころの私は、「医者になりたい」と本気で思いました。これは目標ではなく、まさに夢そのものです。この段階では、どんなにダメな自分を武器にパワーを発揮し、強い思いで夢を見ても、思い立ったらすぐに医者になれるわけではありません。年齢も若く、成績も足りず、段階を踏まなければ夢はかないません。そこで、まずは医大に入るために勉強しよう、とにかくわからないなりに授業を聞き、模試の偏差値を上げていこうという目標を立てたのです。

しかし、残念なことに、カエルの解剖ですら直視できなかったという事件によって、医者になりたいという私の夢はあっさり崩れてしまいました。あれから年齢を重ね、30歳を過ぎたいまの私にでも、やはりカエルの解剖は無理です。諦めて正解でした。

いっぽう、浪人してがむしゃらに自分を追い込んだのに希望の大学に進めず、完全にやさぐれていた私は、母校のパンフレットの座談会で、「夢は公務員だ」と述べています。

世間一般の眼では、偏差値40で「医者になりたい」と語る無謀な夢と比べれば、国公立大学に進学して「地元のために尽くしたいから公務員になりたい」というのは、とても筋が通っていて、現実的で、本気度が高いように見えるでしょう。

でも、いまの私がこのときの菅沼を評価したら、きっとこう言うでしょう。「ずいぶん普通になっちゃったね。お前、どうしたの？　ダメだからこそ怖いもの知らずだったはずのお前らしくもない！」

いまの私には、このときの私が語っていた夢が、はっきり「逃げ」を打っていただけだということがわかります。他にやりたいことなどないから、他人の視線による評価、いわばウケを狙って、そしてお世話になった先生を安心させたくて、強く考えてもいないことを夢として語っていただけです。本気で公務員を目指したい人、地域行政に身を捧げたいという人にも失礼な話です。要するに、パワーを全開にして自らの人生に挑んでいないから、その結果としてきっぱりと諦めていないから、でまかせを話し始めてしまうのです。

夢の形は変えられる

どう夢を諦めればいいのか。その答えは、よりピュアだった高校生時代の私が明確に出しています。

「医者になれないなら、医者を雇い、患者を治せる場所、病院を経営しよう」

当時の私が夢の諦め方を意識していたかどうかはわかりませんが、いまならばはっきりわかります。**夢は諦めたとしても、別の形に変えていけるのです。**

夢を諦める、と聞くと、とても重く、また暗い話に思えます。気分が落ちてきます。でも、本当はそれほど恐れるようなことではないと思います。

私の愛する野球を例にすれば、この仕組みはあっさり理解できます。野球が好きで、小学生のころからボールを追いかけている子どもたちに、夢を聞いてみましょう。きっと、10人中9人くらいは、

「プロ野球選手になりたい！」

と、眼をキラキラさせて叫ぶはずです。この話を聞いた大人は、そうか、頑張るんだよと励ましつつも、よほどの才能を見せていない限り、きっとその子たちがプロ野球選手になることはなく、どこかの段階で諦めるのだろうと承知しているはずです。

プロ野球は、東大に入るよりも難しい世界です。大きな球場で数万人の観客に囲まれてプレーしている選手たちは、プロ野球選手になりたいと夢を語っていた子どもたちのうちのほんのひと握りで、あとはほぼ全員、どこかの段階で夢を諦めたのです。私だって、言ってみればその中のひとりです。野球選手としては大学までで、あとは趣味として細ぼそと続けていましたが、それもやめてしまいました。

でも、私はプロ野球選手になりたいという夢を諦めたおかげで、暗く、重く、落ちたままの気分で人生を送っているわけではありません。むしろ、いまのほうがより充実していて、楽しくて、ワクワクしっぱなしなのです。

私が野球を愛し、打ち込んだことで得られたものは計り知れません。最初に目標を達成する喜びを教えてくれたのも、医者になりたいという夢を持つきっかけになったのも、祖母がなくなった後の私を支えてくれたのも、なんでも語り合える友人ができたのも、すべて野球のおかげです。プロ野球選手にはとうていなれませんでしたが、私はダメな自分なりに野球を一生懸命やったことで、ただ夢を諦めただけでなく、数え切れないくらいのものを与えてもらい、いまもなお、もらい続けています。

夢は、別の形でもかなえられます。医者になれなければ、医者を支えればいい。ホームランを打ちたくても、自分の力では打てないなら、4番打者を励まし、盛り立てればいい。ピッチャーが苦しんでいるけれど、自分がピッチャーでないのなら、タイミングを見てマウンドに駆け寄り、ひと言「大丈夫か？　思い切って投げろよ！」と声をかけてあげる。医者になれなければ、病院を経営すればいい。解剖できなくても、経営学を学ぶことだって医療に貢献できる。どれも同じことなのです。

何に役立つかなんてわからない

私自身、10代のころを振り返れば、あまりに恥ずかしいことだらけですが、未熟だからこそそのときに見えなかったことが、いまはわかります。

それは、そのときの自分なりに一生懸命していたことが、たとえそのときに生きなくても、あとで思わぬ形で役立ち、思わぬ武器になっているということです。

私のケースで言えば、中2で野球部の立て直しに取り組み、その後いろいろな先輩、後輩と励まし合いながら重ねてきた経験が、いま横濱コーポレーションの経営者として社員に接し、教育し、能力を引き出そうとするとき、とても役立っています。

そのころ、経営者になろうなんてまったく思ってはいませんでした。

大学に入って授業になじめず、**どうすれば経営者として成功できるかを知るために書店で読んださまざまな本が、彼女を口説く戦略に役立った**というのは、もう少しわかりやすい例かもしれません。ほんの数か月前にそうした本を読んだおかげで、何かを成し遂げるには戦略を立てる必要があること、そしてこの章でも繰り返し述べている通り、しっかりゴールを見定め、計画を立て、実行していくことを学べました。ゴールにたどり着きたい私に立ち向かってくる脅威とは何か、機会とは何か、などと、まるで一人前のビジネスパーソンみたいなことを考えていたら、目の前に現れた女の子をどう「クロージング」（ビジネスにおいて、最終的な取引や契約に結びつける段階）に持っていくかという視点を持てたのです。

どうしてこういうことになるのか、引き寄せるような現象が起きるのか、私はその仕組みに詳しくはありません。ただ、私自身の経験から言えるのは、そのときそのときで強く思っていることに従って過ごしていれば、いつの日か、まったく別のジャンルで強く思うことが出てきたときに、不思議とそのまま役に立つことが多いということ。そして、その思いの強さは自分のダメさ加減に比例するので、ダメな人間ほど成功する可能性があるということです。

結局は同じ人間です。自分でも意識していないレベルでいろいろと選択したうえで、夢や目標を持ち、情報や知識、経験を吸収しているのでしょう。

ということは、とにかく**いましたいことを一生懸命取り組み、刺激を受け続けていればそれでいいということになります。**

その場で結果が出てもいいし、出なくてもかまわない。未熟だからこそ、後先考えずに突っ走れば、いつか思わぬところで圧倒的に勝てるパワーを獲得できます。

自分にできること、自分にしかできないことを考えてみる

というのは、まだ経験が浅いときほど、自分に本当に合っていることは何なのか、自分

が他人に対してどんなジャンルで勝っていて、人より勝てる可能性があるのかが、まだわからないのです。

私たちには、「したいこと」と「できること」があります。

もし、「したいこと」がすべて「できること」なら、きっとスーパースターになれるでしょう。東京ヤクルトスワローズの山田哲人選手のように、ホームランが打てて、打率が高くて、走れて、守備がうまくて……という状態だったら、きっと最高でしょう。

でも、多くの選手は、プロ野球選手でさえそうではありません。そこで、チームがこの試合を勝つために、いま自分に求められていること、いま自分にできること、そして、自分にしかできないことをするために、全力でプレーすることを目指します。

私の例で言えば、自分がスポーツ医学の先生にしていただいたように、「人を助けたい」「人を救いたい」という夢を持っていました。そしてその先生と同じように医者になれればよかったのですが、カエルが解剖できない自分には、それはできないことだとわかりました。

そこで、「人を助ける」ために、自分にできること、自分にしかできないことは何かを考えるようになりました。その間にこそ、菅沼勇基という人間にできて、菅沼勇基という人間がする意味のあることが存在するはずです。

不動産経営をお手伝いする会社を経営している私は、実はいまでも、**「人を助けるために、いま自分にできること、自分にしかできないことは何かを考え、自分がする意味のあることだけをしているつもりです。**病院経営も、はたしていまの自分がするならどのような形がいいのか、あれから考え続けています。

そのあたりの話は、第5章で述べていきたいと思います。

計画の立て方4つのステップ

では、夢を持った人が、そこに近づくために具体的にどのような計画を立てればいいのか、私の考えを述べていきます。

段階は、次の4つに分けて考えるとわかりやすいと思います。

1　夢を持ち、かなえるための具体的な目標を立てる

2　その目標を達成するためのプロセスを考える

3　いつ何をするかを逆算して決める
4　決めたことを実行し、反省する

1　夢を持ち、かなえるための具体的な目標を立てる

夢は、夢であるだけに、すぐ実現できるものではない場合が大半です。

中3の私が、医者になって人を救いたいと考えたのはとても大事なことです。そのいっぽうで、仮に私が夢をかなえられたとしても、実際に人を救えるようになるまでには、その時点から長い長い道のりが待っています。

医大を受験して合格するまで、最短で4年。

医大で勉強し、インターンを経て、卒業・医師国家試験に合格するまで最短で6年。

研修医になり、一人前の医師として認められるまで、最短でも2～4年。

つまり、実際に夢をかなえられるポジションにたどり着くまで、15歳の私にはまだ13年以上もあることになります。しかも、そこから実績を積んでいって、人を助けられるようになれるまでには、さらに時間が必要になります。

医者になる以上この道のりは自力では短くできませんから、カエルの解剖で気持ち悪

くならなかったなら、もしかしたらこの通りの道筋を歩んでいたかもしれません。

ただし、13年後を見据えて目標を立てていくというのは、実際はかなり無理があると思います。言ってみれば、13年先まで考えられるなんて、相当にすごい、ストイックな人です。もともとがダメな私だけでなく、一般に人間にはとうていそんな先のことを想像するのは無理です。

そこで私は、夢をかなえるためにいま考えられるもっとも遠い具体的な目標として、**まず3年先を意識してみることをおすすめします。**

昔から、「石の上にも三年」と言われます。中学も高校も3年です。長いと言われれば長く、短いと言えなくもないのが3年です。実際、年齢が上がってくると3年などあっという間です。

まず、自分の心に聞いてみます。「いま持っている夢をかなえるために、3年後、具体的にどうなっているといい？」

中3の私ならば、3年後はちょうど高3の、受験直前ということになります。そこで目標としては、十分に勉強して医大に確実に合格できるような実力をつける、といったイメージになるでしょうか。より具体的には、入りたい医大の偏差値が65ならば、確実に合格するため、70以上の偏差値をコンスタントに出し続けている、というのがわかりやすいでしょう。

2 その目標を達成するためのプロセスを考える

3年後の目標は、偏差値70をコンスタントに取っていることに決めました。では、その目標を達成するためには、どんなプロセス、どんな手順を踏んでいけばいいのでしょうか? 次に考えるべきことは、3年後の達成目標に向かう道筋です。それなしには、いくら夢や目標に思いを馳せても、「できたらいいなあ」という妄想で終わってしまうことになります。

ここで、第1段階で3年に区切ったことの意味が生きてきます。

3年とは、1年が3度回った年月です。そして、3年とはつまり36か月であり、156週間です。

3年後に達成したい目標を見据え、まず、1年後、2年後にどうなっていればいいのかを考えてみます。

中3時点の私ならば、偏差値は40ですから、3年後に70にするためには、1年後、2年後どのくらいになっていればいいかを考えることになります。単純に考えれば、1年後

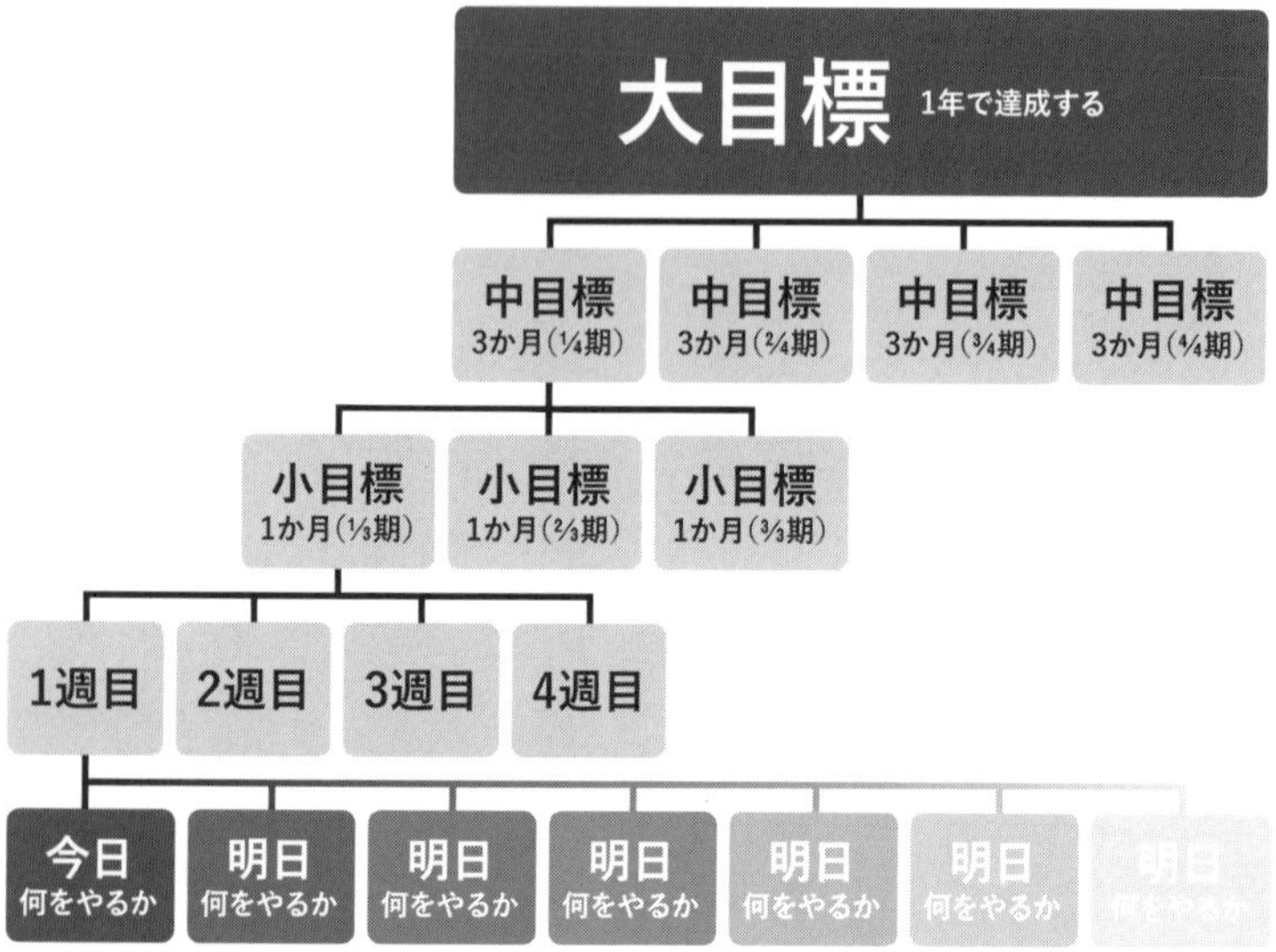

50、2年後に60でしょうか。実際は、勉強するに伴って、偏差値は下にいるほど上がりやすく、上に行くほど上がりにくくなりますから、いまの私なら1年後偏差値55、2年後65あたりを目標にするかもしれません。

3 いつ何をするかを逆算して決める

　こうして、現在40の偏差値を、1年後に55にすることが決まりました。1年は12か月、52週間しかありません。次の模試が3か月後だとしたら、とりあえずいまはひたすら勉強してみて、基準となる偏差値を測ってみる必要があります。3か月は13週間です。このくらいになると、はっきり目の前の目標が想像できるようになってきます。

現在の私の場合は、当面の**大目標が1〜3年がかりだとしたら、3か月で達成したいのが中目標、そして1か月で達成したいことが小目標という感覚です。小目標を4つに分け、1週間を最小単位とします。すると週の終わりや初めに、小目標の達成に向かって今週はどうするか、そして今日は、明日は何をするべきかが見えてきます。**

中3の私ならば、まず現状を把握し、どうすれば偏差値が伸びるかを考え、人に相談し、参考書をそろえます。野球や通常の授業を除き、どこで、1日何時間くらい勉強すればいいのかを逆算してみます。

ひとまずどの教科に力を入れるのかも重要な判断になります。弱い教科を補うのか、強い教科を伸ばすのか。いずれにしても大切な英語を頑張るのか。配分するとしたら、毎日どの教科を何分やるのか。具体的に何を学ぶのか。単語を覚えるのか、英文を読むのか。

このように、やるべきことがどんどん見えてくるようになります。これが、逆算の効果です。

4　決めたことを実行し、反省する

3年先の目標を決め、だんだん近い目標に引き寄せていく。すると、いまこの瞬間から何をすればいいのかがはっきりします。

あとは、決めた通りに実行するだけです。ここで、悔しかった思い、バカにされた記憶を糧に、パワーを全開にして突っ走ります。

ただし、目標から逆算している段階では、現実とあまりに合わなかったり、あとから事情が変わってきたりすることもあります。そこで、ある単位（たとえば1週間）までやってみたら、**目標に対してどこまでできたか、できなかったかを反省し、検証することが大切です。**できなかった理由を探り、どうすればできるようになるのか、そもそもその目標設定でよかったのかを考えることも重要です。

いっぽうであっさり、簡単に達成できてしまうような目標にしてしまった場合は、喜んでいる場合ではなく、自分に甘かったこと、自分の頑張れるパワーを過小評価していたことを、むしろ反省するべきです。そして、翌週からはもっと負荷を高くします。これについては後で詳しく述べたいと思います。

この4段階の落とし込みを覚えておけば、受験勉強だけでなく、ダイエットでも、仕事でも、あらゆる目標の達成に対しても有効に機能します。

目標は、とにかく具体的であること、そして具体的に、できれば数字を使って決めること。さらに、期限をはっきり区切っておくことが大切です。

ダメだから、みんなが無理だと思うことにこそ価値がある

先ほど触れた、甘い目標を立てたことへの反省について述べておきたいと思います。

私はいまでも、経営者としての自分の目標を立てて、実行し、反省し続けています。いままでは、経営の成績が具体的な目標になるわけです。

こんな本まで書いて、甘い目標を立てるなと言っているくらいですから、もちろん自分自身でも厳しい目標を日々課しているつもりですが、時々、本当にあっさりクリアしてしまうことがあります。

こんなとき、普通であれば喜んでいいはずです。何しろ、自分で考えた目標を見事達

成したのですから。でも私は、「甘ったれるな！」と自分で自分に怒り、喝を入れるようにしています。

他人が、あるいはライバル企業が「無理です」と言って諦めるような仕事を、「ウチなら楽勝です」と軽やかにクリアするのが、私の美学です。それを可能にしたのは、ダメな自分だからこそできた「気合いの量の多さ」と、かつて私の怪我を治してくださったスポーツ医学の先生のような、プロとしての絶対的な自信です。

しかし、そうした力を養うためには、いつでも自分に高い負荷をかけておく必要があります。甘い目標を達成し自画自賛しているなどというのは、もったいないことなのです。同じ時間で自分をもっと鍛え、磨けたはずなのに、甘い見通しで自分を楽にした結果、その機会を失ってしまった。つまり、成長のチャンスをみすみす逃してしまったことになります。

まして、1週間でクリアする目標が3日で終わったら、あるいは1か月の目標が3週間で終わったら、残りは遊び半分で過ごそうなどというのはもってのほかです。私は自分のこうした「ぬるさ」が自分のかけがえのない成長を妨げてしまうということを、いつも反省しています。

相反するようですが、それでも休みは、健康を害さない程度に取るべきです。というのは、絶対に達成したい目標がある場合、むしろ休みたいという気持ちになれず、限界まで走って体を壊してしまうことがあります。私の経験上、どんなに充実していようと、最低でも3か月当たり3日くらいはまとまった休みがあったほうがいいですし、そのほうが計画全体がどう進んでいるのかを客観的に把握できるようになります。3か月とは、要するにひとつの季節に1回です。そのくらいの間隔で、頭を休めながら自分のしていることを点検するためにひと息入れるようにするといいでしょう。

できそうなことの1・5倍を目標にする

自分を甘やかさないため、とてもわかりやすい目標の立て方があります。

まず、ある期間の目標を、自分の実力やまわりの状況を踏まえて、素直な気持ちで考えてみます。たとえば、英語の勉強なら1週間で単語100個を暗記する。就職活動なら1か月30社OB訪問する。会社の営業であれば3か月で4件の新規契約を取ってくる……といった具合です。

次に、その目標数字に対して、単純に、無条件に1・5をかけます。

1週間で覚える単語は150個に、1か月でOB訪問する企業は45社に、3か月で取ってくる新規契約は6件になりました。

さて、いかがでしょうか？「その数値目標には根拠もないし、無理かもしれない……」と思えるかもしれません。確かに、よく考えたうえでの目標の5割増しは、なかなか厳しいハードルになるはずです。

でも、これこそがダメな自分のパワーを最大限引き出すための好機です。**ひとまず深く考えずに、見境なく立ててしまうほうが目標としてちょうどよいのです。**何かをするからには、負荷は自分の常識的な見通しよりも高いほうがいいと思うのです。

いきなり1・5倍は無理なら、かけ算の数字を、当初は1・1、1・2くらいにしておき、とりあえず走ってみます。それが達成できるようであれば、その数字は甘いということになります。1・25、1・3……と、徐々に負荷をきつくしてみます。

私にも当然、1・5をかけたら目標が達成できなかったことが多々あります。でも、それでかまわないのです。大学1年生の私は自転車で仙台に行けましたが、行く前は、3日間ではきっと無理だろうと考えていました。しかし実際はギリギリで可能だったので、それ以降はもっと高い目標を自分に課せるようになりました。このあたりは、チャレンジしながら調整していけます。

1・5を目指すと、1・1も1・2も、1・3も通過点に過ぎなくなります。そのくらいでは自分を甘やかさなくなります。無鉄砲でダメだからこそ、本領を発揮できるのです。

結果的に1・5に届かず、1・4で終わったとしても、本来自分ができると思っていた量の40％アップを達成したのですから、考えてみればとても素晴らしいことです。でも人間不思議なもので、同じタイミングで本来自分ができるだけの目標しか立てていなかったら、十中八九4割も積み増すことは不可能です。1割目標をオーバーしただけで、頭の中は幸せでいっぱいになってしまい、以後は手を抜くようになってしまうのです。これが「お利口」な人たちが陥りやすいワナです。

そんな自分を見つけてしまったら、自分で自分を「甘ったれるな！」と叱ってください。悔しかったときの記憶を思い出し、もう一回、気持ちの中で火を燃やしましょう。私はいつもその繰り返しです。

こうした計画の立て方、そして管理の仕方を助けてくれるのが、ノートです。私のノートの使い方は、この章の最後で説明します。

ゼロからもう一度勉強を始める方法

偏差値27から勉強を始めたダメの代表選手の私が、曲がりなりにもどのようにどん底を脱し、受験を乗り越えてきたのかは、いま学校で成績が出ていない人、これから入試や試験などを控えている方にはとても関心があることではないかと思います。

偏差値27のころの私は、自分が惨めだとは思っていませんでした。この本を読んでくださっている方には、さすがに偏差値27という横綱級のダメな方はなかなかいないでしょうが、きっとなんとかして、いま以上に勉強ができるようになりたいと思っているはずです。

そこで、ここでは私がどうやって勉強をしてきたのかをまとめてみたいと思います。特に、まったくのゼロから始めたときどうしたのか、つまりスタートの切り方が肝心だと思います。

野球に救われ、夢を持った私が、最初に取り組んだ勉強は「丸暗記」でした。とにかくまじめに授業を聞き、先生の言ったことを覚えれば、定期テストでいい点が取れるはずだという、言ってみればとても子どもらしい、素直な考えでした。

先生やご両親も、いままでろくな成績を取れなかった人がそんな態度を取り始めれば、きっと手放しで誉めてくれることでしょう。

しかし、この方法は、難しい試験になればなるほど決して正しくはありません。テストでひどい点を取ってしまう、とりわけ出題範囲のない模擬試験で結果が出せない人には、決定的な欠落があります。それは、小学校に入学してから、勉強が嫌になる段階までに得た知識だけで、頭の中が冷凍状態になっていることです。

そこに、急に新しい知識を詰め込み、丸暗記を始めても、それは何のために勉強していることなのか、いままで勉強してきたこととどのように関連しているのかが、理解できないのです。

わからないなりにやっていれば、いずれわかるようになるというのは、はっきり言って幻想です。もしかしたら、生まれながらに賢い先生やご両親はそうアドバイスしたり、励ましてくれたりするかもしれませんが、これもまた、私たちのように勉強を一度完全に諦めたダメな人間にとっては、落とし穴、不適切なアドバイスのひとつです。

特に学校の先生になれるような立派な成績を収めてきた人には、知識が途切れているという状態がどういうものなのか、自分の感覚としては理解できません。なぜなら、先生方は小1からまじめに勉強を続け、知識を途切れることなく大学まで積み重ねてきたからこそ、いま先生として生きているからです。

いいとか、悪いということを言いたいのではありません。経験したことがない以上、先生には落ちこぼれている私たちの本心が、悩みが、どうしても理解しにくいケースが多いのです。

ABCから学び直すことをためらわない

ダメな私たちがやり直すには、徹底的に「さかのぼる」ことが大切です。

私の実際に体験したケースで、英語を例に考えてみます。

英語は中1から新たに習う科目でしたから、中学に入った途端やる気をなくし、ダメな人間になってしまった私には、最初からほぼ何も頭に入っておらず、授業もテストもまったくといっていいほどわかりませんでした。

中3になって改心し、とにかく丸暗記を始めましたが、すでに教科書の内容は、中1の最初のページからずいぶん遠くに来てしまっています。This is a pen. の段階はとっくに過ぎ去り、過去形、過去完了形、現在分詞に過去分詞、聞いたこともなければ意味もわからない言葉が説明の中にどんどん出てきます。注釈もなしにさまざまな英単語が文章中に出てきて、頭の中で何もつながりません。

丸暗記でもっとも対応できないのが、まさに英語です。

高1になって、先生の指摘によって丸暗記の限界に気づいた私は、もう一度英語をやり直す決心をしました。教科書はもう手元にありませんから、とにかくまずは教材を探すところから始めようと思い、日曜日の自由時間、学校のバスに揺られていつもの書店に向かいました。

そこには、中学校の英語の参考書がたくさん並べられています。私はそれを、難しいと思われる順に、次から次へとパラパラ読み流して行きました。

自分のレベルで、すべて理解できるかどうか。確かめているのはその点でした。わからないことが多すぎる参考書は、まだ取り組む段階ではありません。もっと簡単な参考書にさかのぼり、再び頭から見ていきます。

こうしてたくさんの英語の参考書を立ち読みした結果、その日私が買った参考書には、何が書いてあったでしょうか？

アルファベットの「A・B・C……」の書き方が、大文字と小文字に分けて説明されていたのです。

覚えるべき単語は、appleやfriend、boyやgirl。例文はもちろん、This is a pen.だったり、My name is ○○.だったりしました。

つまり、さかのぼり続けた結果、中1で学ぶ英語の、最初の最初に戻ったのです。

高校1年の私は、何も恥じることなく、堂々とその参考書を買って寮に戻りました。かえってすっきりしました。あとはダメだからこそ出せるやる気を全開にして、ひとつずつクリアしていけばいいだけ。たとえどん底でも、自分のスタート地点がわかって、これから頑張るんだという気持ちがかえって深く実感できました。中1当時とは違い、いまは夢と目標があり、英語を学ぶ気力があります。おかげで大変なスピードで復習し、理解することができました。英語の仕組みを初めて納得することができました。

さすがの私でも、「A・B・C」くらい、大文字でも小文字でも書けました。でも、そのくらいまで自力で時間を巻き戻し、しっかり理解しているところからもう一度ていねいにやり直すことこそ、一度勉強を諦めてしまった人間には絶対に必要なことなのです。

私はこのやり方を高校でお世話になった先生に教えていただきましたが、多くの学校では、きっと先生も教えてくれない真実です。多少頭のいい人には、こんなさかのぼり方は、恥ずかしくてできません。そしてわかったふりをしてごまかしてしまいます。

もう一度勉強をし直そうと思ったら、確実にわかるところまでさかのぼって始めてください。それを恥ずかしいと考える必要はまったくありません。むしろそこから、強い意欲を持ってやり直せることこそが、私たちダメな人間の強さです。

勉強はまず得意なことを伸ばす

勉強をもう一度やり直すにあたって迷うのは、苦手な教科や分野を埋めようとするのか、得意な教科や分野を伸ばすのかです。

最終的に受験を目指すなら、行きたい大学の試験科目にあるものはすべて勉強しなければならないことは言うまでもありませんが、勉強をやり直す最初の段階でどちらを選ぶべきかは案外大切なことだと思います。

私の場合、当初はできない教科を補うことを優先して考えていました。自分の場合、国語や英語などの文系科目です。この考え方には、結構長い間縛られ続けました。私の性格上、負けること、劣っていることが許せずに、弱点をなくそう、弱みをつぶそうとばかり考えてしまっていたのです。

しかし、いまの私は１８０度考え方が変わりました。もっとも、もはや受験生ではありませんが、もう一度やり直すなら、得意な科目、好きな分野を伸ばすことにまず取り組むと思います。

その理由は、勉強をもう一度始めるなら、まずは楽しくて理解しやすいことのほうがポジティブに取り組めるから。そして、結局は得意分野を限界まで伸ばすほうが、大学進学後も社会に出た後も、自分の力になりやすいからです。

受験を誰かに代わってもらうことはもちろん不可能ですが、**社会に出たら、自分にしかできない得意分野をアピールできる限りは、自分にできない苦手分野は人に手伝ってもらえます。**いまの私なら、自分に苦手なことを補うために新しく社員を採用すればいいわけですし、外部の会社に頼んでもいいわけです。

もっとも、受験生であれば、ある程度万能な成績を取れるほうが有利なのは確かですが、将来を見据えて、やりたいことや夢を考えながら、得意分野を大切にしてほしいと思います。

浪人時代の戦略

大学受験だけについて言えば、私は欲を出してあえて浪人したにもかかわらず、結局自滅してしまうという残念な結果に終わりました。ダメな自分から一念発起し、ダメだからこそ頑張ってせっかく勉強してきたにもかかわらず、当初思い描いていた結果は得られませんでした。

だからといっていま、相変わらず残念な人生を送っているつもりはまったくありません。ただ、第2章でも述べた通り、しっかり勉強して実力は確実に身についていたのに、1年かけて準備したことを一発勝負で試さなければならない受験という仕組みそのものにのみ込まれてしまいました。

このころの私に反省点があるとしたら、あまりにもストイックになりすぎたことかもしれません。

高校を卒業後もまったく遊ぶこともなく、友人や先輩との連絡も断って、とにかく1年間努力だけをすることに決めて、朝7時から予備校の自習室にこもり、講義以外の時間は自習室が閉まる夜9時半まで缶詰になって勉強していました。家では寝るだけでした。

日曜だけは自習室が夕方5時までなので、その後寝るまでの数時間が、1週間でたった一度の休憩でした。

ダメな人間が集中してパワーを解放すると、時として毒にもなってしまいます。せっかく実力をつけたのに、一生懸命やりすぎ、自分を追い込みすぎたことによるプレッシャーに負けてしまうなんて、当時の私には想像もつきませんでした。いま考えれば、予備校でも不安を共有できる友人のひとりやふたりは持っておくべきだったのでしょうし、成績を見てある程度の自信はあったのですから、時には大学のその先につながる夢に思いを馳せるような時間や、張り詰めた精神を解放する時間があってもよかったのではないかとも思います。

ただがむしゃらに走ることも大切ですが、私はダメな人間の世界ではある意味「エリート」であるために、かえって集中力を高めすぎてしまい、自分を客観視したり、自分のしていることを俯瞰したりすることができなくなることがあるのです。

この背景には、私自身が美学として、勉強や努力はこっそりやるものだと考えていたことも影響していると思います。決して真似してほしいと言いたいわけではありませんが、わかりやすく言ってしまうと、「ガリ勉」している姿を人に見られるのは、どうにも格好悪いということです。

これは、私が中学・高校と全寮制の学校で過ごしてきたせいかもしれません。朝起きてから夜寝るまでほとんど同じメンバーで生活しているわけですし、寮での自習の時間も決まっていますから、「ガリ勉」をしていればすぐにわかってしまうのです。

これは何も勉強に限った話ではなく、野球でも同じです。「私は頑張っています！」とアピールするほど情けないことはなく、人知れず黙々と、自分で自分を律しながら練習し、本番でいきなり結果を出すのがかっこいいと思えて仕方がありません。したがって予備校でも常にひとりでしたし、浪人している姿を人に見せたくなかったのでしょう。その結果私が払った代償は小さくありませんでした。いずれにしても、追い込みすぎるのはよくないことなのです。

勉強は朝・家の外でやる

忙しい、あるいは集中できないなどの理由で勉強が進まない人には、せっかく持っているはずのポテンシャルを引き出すために、ふたつのアドバイスをしたいと思います。

まず、場所を変えることです。

修行僧のように勉強していた浪人時代の私でさえ、家に戻った後は勉強しませんでした。なぜなら、自分の家、自分の部屋には、当たり前ですが自分の好きなものがあふれているため、そもそも勉強に向かない環境だからです。

子どもはみんな、小さなころから学校以外での勉強は部屋でするものという常識を持っています。子ども部屋は別名「勉強部屋」ですし、小学校に上がったとき買ってもらう机は「学習机」です。

でも、本来自分の部屋で自習するのは、集中力という観点からは道理にかなっていません。自分の部屋はこの世でもっともリラックスできて、最高に楽しいスペースなのです。家だと勉強が進まないというのは、考えてみれば当たり前です。

思い切って勉強は外でするようにし、家ではいっさいしないと決めてしまいましょう。自習室でもコーヒーショップでもかまいません。人目があって、自分の好きなもの、つまりサボりやすい環境がないところこそ、勉強には最適です。

次に、勉強する時間を変えてみます。

受験勉強やテスト勉強というと、イメージとして深夜、あるいは徹夜でするものだという常識がありますが、睡眠時間を削ってすることは決して得策ではありません。

私は、**個人的な勉強は朝にまとめてするようにしています。これは社会人になってからいっそう顕著になりました。**

朝は、目標を振り返り、進行をチェックするために適したタイミングです。そして朝から頭が整理されると、その日1日を有効に使えます。眠い目をこすって夜勉強し、あれこれ考えて寝付きが悪くなるくらいなら、しっかり睡眠を取って早起きし、翌朝勉強すると決めてしまったほうが、効率が上がります。

いまの私は、早起きしてスターバックスにいくことが習慣になっています。

人との付き合い方、本の読み方

次に、大学生以降の勉強について考えてみたいと思います。もっとも、受験勉強はあくまでも受験のための勉強ですから、大きな夢に向かって生きていくには、むしろ大学に入った後、そして社会に出た後も勉強を続けていくことが欠かせません。でも、受験が終われば自分の関心のあることだけを勉強できるので、だんだん楽しくなってきます。

受験を終えたあとの勉強法として有効な方法は、ふたつあります。

それは、人に会うこと。そして、本を読むことです。

まず、**いまの自分には決してできないことをしている「すごい人」に会うことは、かけがえのない勉強になります。**業界のパイオニアやトップランナーと呼ばれている人を知ったら、講演を聞きに行ったりするだけではなく、私はどうにかつてをたどって直接会いに行くことを考えます。

その人が何を考えて走っているのか、どんな夢を持っているのか、ピンチやチャンスでどんなことを考えてきたのか、いま私が悩んでいることにどんな答えを返してくれるのか。1対1で会うからこそ、緊張するからこそ、とても勉強になります。

もちろん、会う以上は礼儀を尽くしますし、それ以前に忙しい方に時間を作っていただくには、私だけでなく相手にもメリットがなければいけません。逆に言えば、相手から会ってもいいと思われるような仕事をし続けている人間であり続けることが大事だということでもあります。

いっぽうで、私は一般的な経営者に比べればまだ若く、そういう意味で珍しがっていただけたり、可愛がっていただけたりする「若僧」でもあります。自分が若いからといって甘えたビジネスをしているつもりはまったくありませんし、若いことを言い訳にもしません。しかし、すごい経営者に直接会えるのなら、「若僧」や「後輩」扱いをされても大いにいいと思います。こちらの若い情熱が武器となって、いろいろな学びが得られますし、こちらが未熟でもまだ大目に見てもらえたり、許していただけたりするのです。そのおかげで、自分のパフォーマンスが伸ばせればいいのです。

私は自分がまだ若いということを有効に使い、たくさんの方にお時間をいただいて、多くの学びを得ることができたと思っています。

簡単には会えないから本を読む

もうひとつの勉強法は、本を読むことです。

読書など、いまさらわざわざ強調するほどのことなのかと思われるかもしれませんが、人に会うことの代替として本を読む、と言われれば、少しは印象が変わってくるはずです。

私もできるかぎり直接いろいろな先輩方と会って勉強したいと考えていますが、必ずしもすべての人と会えるわけではありません。いつかそういう方と直接面会できるよう仕事を頑張ろうと思ういっぽうで、会えない代わりに、その方が書かれた本があるなら眼を通します。

本は、考えてみれば非常にお買い得な商品です。たった千数百円で、**引く手あまたのすごい人たちが人生をかけて得たり経験したりした結晶が、たった数時間で読めてしまうのです。**

それだけではありません。もう亡くなってしまい、絶対会うことができない偉人にだって、本を通せばアクセスすることができるわけです。

経営学を学びたいと言った私に高校時代先生がすすめてくださったのは、ホンダ創業者の故・本田宗一郎氏の書籍でした。痛快で、とても感銘を受けました。

私は決して文学少年だったわけではありませんが、偉大な先人の考えを、本を通して知ることができるという仕組みを高校時代に教えていただいたことが、大学入学後講義の内容に失望しても、自力で勉強を続けられるきっかけになりました。

正直、大学に行かずとも、学歴以外の知識はすべて本から手に入れることができます。大学に行けなかったとしても、書店に行けばいいだけの話です。私はそのおかげでマネジメントや経営戦略、マーケティングなどの基礎を学ぶことができましたし、さらには戦略的に彼女まで得ることができました。当時の彼女は、それまでの私なら決して声をかけようとは思えないくらいの「高嶺の花」でしたが、そう考えてしまう自分を客観視できたことで、どうすれば付き合ってもらえるか、という戦略を冷静に考え、結果を出すことができたのですから、とにかく勉強はしておくものです。

いまでは、月に10冊程度の本に眼を通します。時間は、先ほど述べた通り朝がほとんどです。3日に1冊というと、かなり熱心な本読みだと思われるかもしれませんが、速読などできなくても、慣れてしまえばどうということはありません。私は1冊5時間くらいかけて読みますから、むしろ遅いほうです。

それでも本は、読めば読むほど新しい発見があり、本当に飽きることがありません。本を読んで「この人に会ってみたい!」という思いを持つこともしばしばあります。この本にも、そんな力が宿っていたら嬉しいです。

本にアレルギーを持っている、かつての私のような方には、この本を読み終えたらぜひ、吉野敬介氏の『だからおまえは落ちるんだ、やれ!』(KKロングセラーズ)という古い本を開いてみることをおすすめします。

吉野さんは代々木ゼミナールの講師だった方で、しかももともと暴走族出身、やはり偏差値20台から頑張ってきた方です。特にこれから大学を目指そうと考えている人にはおすすめします。

時間の使い方

勉強は朝すると述べましたが、より全体的な時間の使い方についても、私なりに工夫しています。

ポイントは、**すべてのスケジュールを決めておくこと、そして決めたスケジュールは必ず表にすることです。**

時間は有限ですし、少しボーっとしていればあっという間に過ぎ去ってしまいます。言い古された言葉ですが、時間だけは人間誰しも平等に1日24時間しかありませんから、何かにチャレンジしたい、夢を追い求めたいなら、真剣に時間を管理したほうが実りが大きくなります。

私の場合、時間管理の基本的な単位は1週間です。前の週の終わりからその週の頭にかけて、1か月後の目標に向かって今週は何をするべきかを考えます。

いまはビジネスをしていますから、毎日のスケジュールには、投資家の方との面談だけでなく、建築業者、金融機関などとの相談や、物件を見るなどの予定が入ってきます。

これらをこなしながら、空いている時間を逆算して、今後の会社の成長、自分の成長のために必要な順に時間を使っていきます。本を読むことも、人に会うこともその一環ですし、異業種交流会や勉強会に顔を出し、地元横浜の将来を見据えた会合や勉強などにも時間を使います。

いずれにしても、目の前の仕事はしっかりと、しかし効率よく行います。そのうえで、残りの時間の効率がもっとも高くなるように、使い方を考えていくようにしています。

何もしないリセット時間の大切さ

少し厳しい話ばかりをしてしまいましたので、少しだけ肩の力を抜いた時間の使い方にも触れておきたいと思います。

私自身はこういう性格ですから、浪人のときの大学受験の失敗でもおわかりの通り、こうすると決めたら急に心に炎を燃やしてとにかく量を増やし、厳しいペースで走ってしまうのですが、それだけでは失敗したり、自滅してしまったりすることがあることを、年齢を重ねるにつれてやっと学習してきました。

休みのペースとして、季節（3か月）に一度くらい、連続した休みを取ると述べましたが、いま私は、このタイミングで決まって沖縄を訪れ、あえて何もせず、ゆっくりと頭を休めながらこれからのことを考えるようにしています。

なぜ沖縄なのか？　と聞かれるのですが、こればかりは「好きだから」としか言いようがありません。

初めて沖縄を訪れたのは、大学4年生のときでした。次の章で述べる彼女との別れと怒涛のような就職活動が終わったあと、行ったことがないという理由だけでたまたま訪れ、すっかり心を奪われてしまいました。

そのときも、いまも、沖縄に何かをしに行くわけではありません。料理も風土も人も好きですし、知り合いもできて仕事になったりもするのですが、あえて言葉にするなら、あくまで頭をいったん白紙に戻し、リセットして、自分の心の底にある思い、最近よかったこと、ダメだったところ、夢を再確認し、次の3か月に何をすべきなのかを確認したいために沖縄を訪れています。ある人なら山にこもるでしょうし、ある人なら自室にこもってすることを、私はたまたま沖縄でしているというだけです。

だから、沖縄は大好きですしおすすめですが、沖縄に行ったほうがいいというつもりはありません。ただ、**追い込みやすい性格の人ほど、定期的に一度周囲と自**

分を切り離し、自分の内側を見つめ、整理する時間があるといいでしょう。

目標を達成する喜びを知り、どう頑張ればいいのかがわかると、人は精一杯頑張れるようになります。それはそれで素晴らしいことですが、すごい集中力で、夢中に頑張っているときほど、時にスピードオーバーで突っ走り始めてしまっていることに気づけなくなります。

そうした状態を放っておくと、自分だけでなく、周囲も傷つけてしまうことがあります。

だから私は、自分のいまを確認し、これからを考えるために沖縄に行きます。

あなたにとっての沖縄を、ぜひ探してみてください。

夢を持ち続けるためのノート

この章の最後として、私のノート術を簡単に紹介したいと思います。

まず、私にとってのノートは2種類あります。

▼夢と、夢にもとづく3年～1年～3か月の目標や、考えを書き残すノート

▼1週間単位に落とし込んだ目標を確認し、1日単位のスケジュールを管理する手帳

このふたつは常に手元にあって、毎日必ず見返します。ここで触れたいのは、特にノートのほうです。

まず、夢を持ったら、ノートの裏表紙にでも、大きく書いてください。つまり、「医者になる！」とか、「病院を経営する！」とか、もう少し抽象的に「人の役に立つ」「世の中のために貢献する」でもいいでしょう。妄想レベルでもかまいません。

次に、おおまかでも、どんな形でもいいので、その夢を達成するためにどうすればいいか考えたプロセスを書き残します。

そして、3年後、1年後の目標、3か月後の目標を書きます。ここは、前にも述べた通り、具体的な目標、達成すべき数字をしっかり書き入れます。

手帳は、左側にスケジュール、右側に自由に記入できるものを使っています。毎週末から週明けにかけて、その週にすべきことをノートの3か月目標を見ながら書き入れ、スケジュールを整理します。これで、今日することから、夢までがすべてつながることになります。私はこのスタイルが好きなので、いまだにすべて手書きです。スマホなどのスケジュール管理ソフトは使っていません。

スケジュールを確認するため、手帳を毎日開くのは当然ですが、私はノートも必ず毎日開きます。そして、夢から現在までをたどってみたり、現在していることがしっかり夢の実現につながっているかを逆算してみたりします。

特に朝、勉強する時間の前にノートを見直すと、とてもやる気が出ます。気持ちがキープできます。

そして、毎日ノートを眺めていると、時々修正しなければならないことが出てきます。目標が高すぎたり低すぎたり、新しい知識や経験が増えたことで目標を変える必要が出たり、変えたくなったりします。

毎日勉強している結果自分が成長し、新しい目標や夢、あるいはそのための新しいプロセスが見つかったりもします。

私は日々学んだことを手書きでメモしながら、常にノートを見返すことで、自分の現在地と、これからすべきことを確認しています。沖縄で主にしているのは、いつも以上に時間をかけてノートを開き、自分と対話するプロセスです。

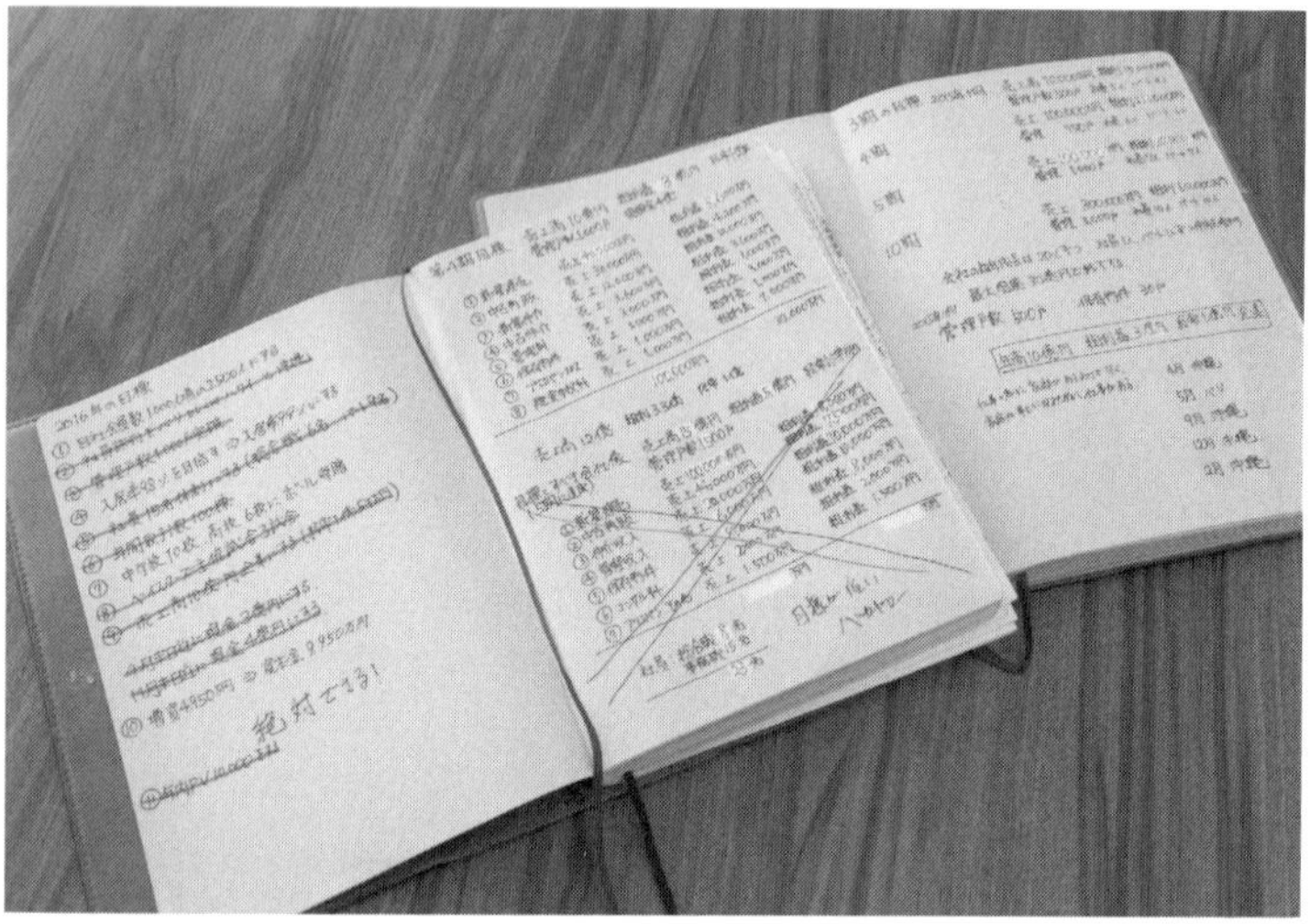
数年後までの目標を書いたノート

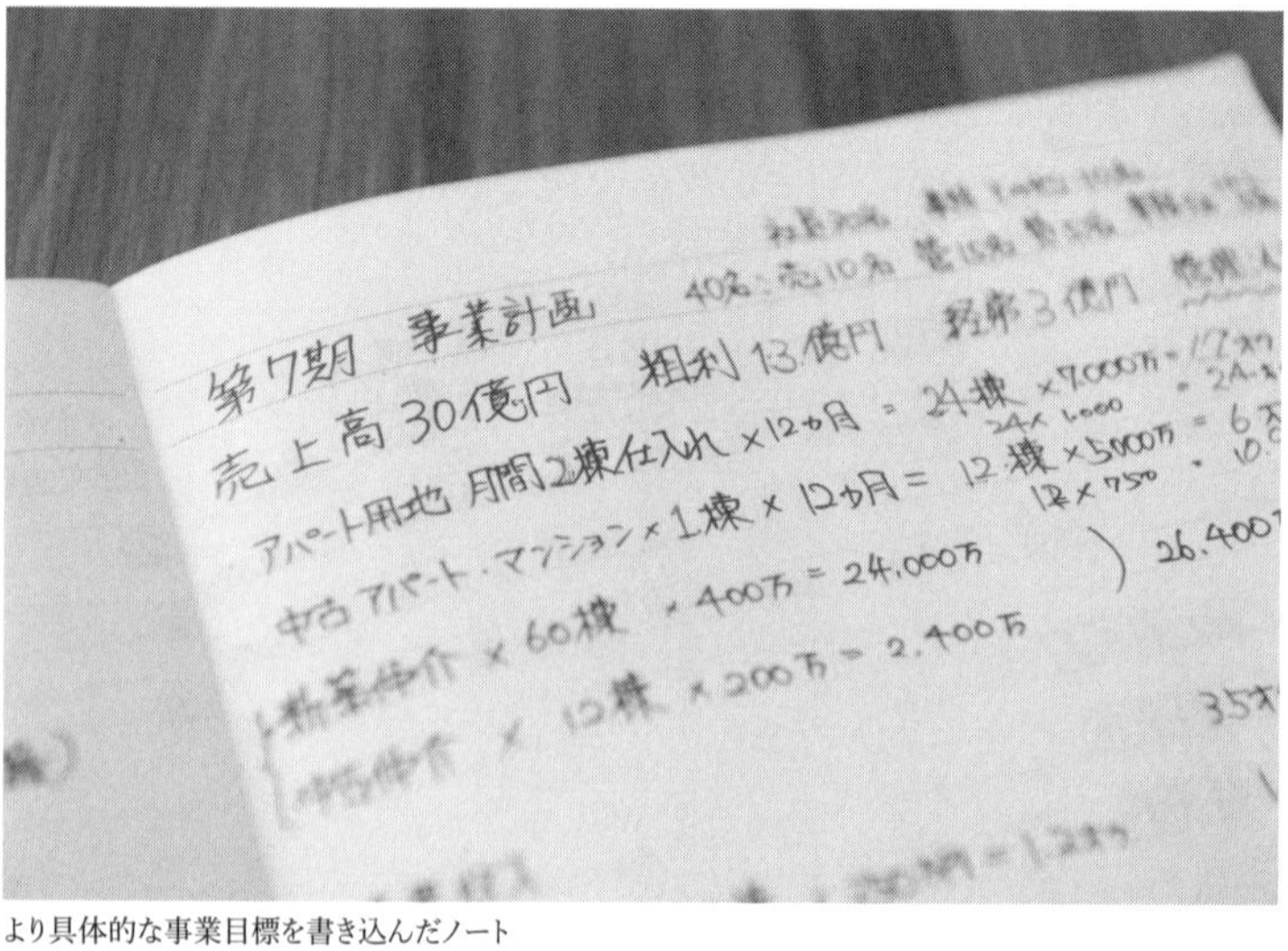

より具体的な事業目標を書き込んだノート

ノートは後から見返すことが大切ですから、考えてメモを取るときは、いったん別の紙に書きなぐり、書き残したいことだけを清書しておくようにしています。

ノートや手帳を通して、考え、消化し、書き残すと、結果として毎日の自分の記録ができ上がります。いま書いていること、いま苦しんだり、悩んでいたりすることも当然残っていきます。

時々、1年前、2年前のノートを見返してみます。1年前、2年前に真剣に向き合い、悩んでいたことが、いまの私になら簡単にできたり、クリアに対応できたりすることが実感できて、成長していることがよくわかります。手帳も読み返すと、当時の自分の思いが、記憶とともに鮮やかに蘇ってきます。すると、いま目の前にある悩みや問題も、努力し続け、考え続ければきっと解決できるという自信が生まれてきます。少し落ち込んでいるときや、うまく行かないときに、私は決まって儀式のように古いノートを読み返します。

いまから見れば未熟だったころの自分が書いたノートに、いまの自分が励まされます。これもノートを取ることの大きな効果です。

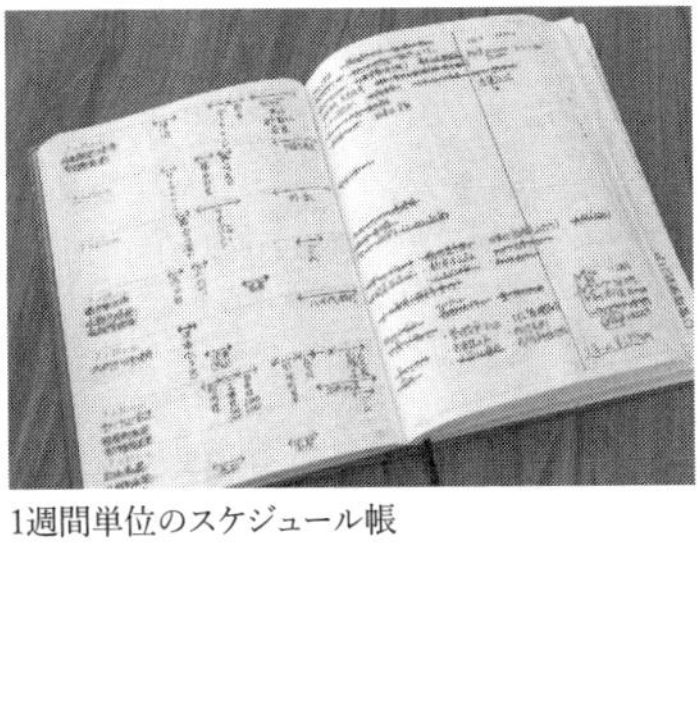

1週間単位のスケジュール帳

Chapter 4

内定率100%！の就活戦略

私の就活は全戦全勝！　ただし……

人生の節目において、受験とともに大きく悩むタイミングは、やはり就職活動だと思います。

世の中の景気はなかなかよくなりません。新卒の就職は相変わらず厳しいままです。そして、いったん就職した人でも、思い違いやステップアップなど、さまざまな目的で転職を考えるケースが増えてくるはずです。そして、どうにか責任ある職に就きたいと痛感しているフリーターやニートの方も少なくないでしょう。

私は、受験に大失敗したのとは対照的に、就活では全戦全勝、成功率１００％でした。行きたいと思って門を叩いた会社すべてから内々定をいただきました。

いわば私は、就活バカです。ダメだった自分を最大限活かし、圧倒的なパワーを発揮できました。偏差値27から大学に進んだこともさることながら、受験に失敗してあまり有名ではない大学に進んだのに、自分が進めなかった大学の学生にも負けない結果を叩き出した就活は、私にとっては大逆転でした。心の奥底にあったコンプレックスは、このときに完全になくなりました。

この章では、私がいかに自分のいままでの力を就活戦略に結びつけたかをできるだけ細かく述べ、これから就職活動をしようという方、あるいは転職を考えている方の役に立てればと思います。

まず、私が進んだ横浜市立大学というところは、決して悪い大学ではないのですが、規模が非常に小さく、アットホームないっぽうで民間の大企業への就職には決して有利ではないというのが、学校内外の定評でした。

東京周辺の国公立大学なら、東大や一橋は言うまでもなく、外語大やお茶大、横国大や筑波大、千葉大や首都大学東京など、横浜市立大よりも就職に有利で、規模も大きい大学がたくさんあります。さらに早慶を筆頭とした私立大学にも、大勢のライバルがいるわけです。

初めは私も、そうした大学の学生たちを相手に自分が就職戦線を勝ち進めるかどうか、不安でした。そして一時期は、完全に勝負する気すらありませんでした。

そんな私の事情を変えてしまったのが、第2章の終わりに少しだけ書いた、当時付き合っていた彼女との突然の別れでした。

就活で、見返してやる！

付き合って2年になろうとしていた彼女とは日々幸せで、結婚を考えていました。
大学3年の終わり、就職活動を前に、私が進むべき道は、心の中で次のふたつのプランに絞られました。

A　将来経営者になることを見据えて、金融業界で自分をハードに試し、経験を積む

B　彼女とできるだけ長い時間を過ごせるよう、地元で安定・安全第一の人生を送る

もともとは病院を経営するために経営者になることが夢なのですから、当然（A）の道に進めばいいはずですし、私もそのつもりでした。でも、目の前にいる彼女と早く結婚して穏やかに暮らすこともとても魅力的でした。そこでいったんは（B）に進むと決め、そのつもりで準備していたのですが、就職活動解禁の10日前に突然振られてしまい、とにかく、ひどく落ち込みました。

しかし、社会の都合はそんな私を待ってくれるはずもありません。泣いても笑っても、

10日後の4月1日には怒涛のごとく就活が始まってしまうのです。

これは、不幸なようでいて、不幸中の幸いでもありました。就職浪人するつもりがない以上、就活はしなければならないのです。

私は、突然振られてしまった思いを、「見返してやりたい」という強い思いに転換しました。(B)の選択肢そのものが根底から崩壊してしまったのですから、もはや私には(A)しか残っていません。それでも、何かするべきことが残っていただけ、まだマシでした。

あらためて、(A)の「将来経営者になることを見据えて、大企業で自分をハードに試し、経験を積む」というコースに進む場合どうしようと考えていたのかを思い返しました。なかでも、若いうちから営業の能力が活かせて、実力主義で、できればさまざまな業態と接触する機会が得られる金融機関が狙いでした。

銀行や保険、証券会社、不動産会社。とりわけ特に私が目標としていたのは、野村證券でした。

野村證券の噂は、学校内外の先輩を通していろいろと耳に入ってきました。とにかくとてもハードな会社で、実力主義で、ウソのような伝説の営業マンが生まれた企業だというのです。そこでいちばんになれれば、きっと将来経営者になったときにも大いに役立つはずだと思っていました。

いずれにしても、就職活動解禁まで10日しかないのです。早いところでは、4月1日になったら正式な内定を出すだけで、すでに水面下で接触し、内々定を出している会社もたくさんあります。もはや、半分手遅れになっているのです。

私はいまからでも行ける会社を急いでピックアップし、怒涛の日々に突入していきました。

1か月で150社回った

とにかく時間がなかったため、私はその時点で受験（セミナーなどでのエントリー）可能な会社の中から、実際に就職してみたいと思える会社をとにかく必死にピックアップしました。その数、約150社。時間がないことがかえって幸いし、とにかく深く考えずに、手帳に入れられるだけ予定を入れて、徹底的に会社訪問を始めました。とにかく忙しく活動することで、どうにか傷ついた心を紛らわすことができました。

誰もが就職したいと思ういい企業に受かりまくり、その中でもいちばんいい会社に就職する。そのことで、私と別れたことを後悔させる。それが、私に残っていたたったひと

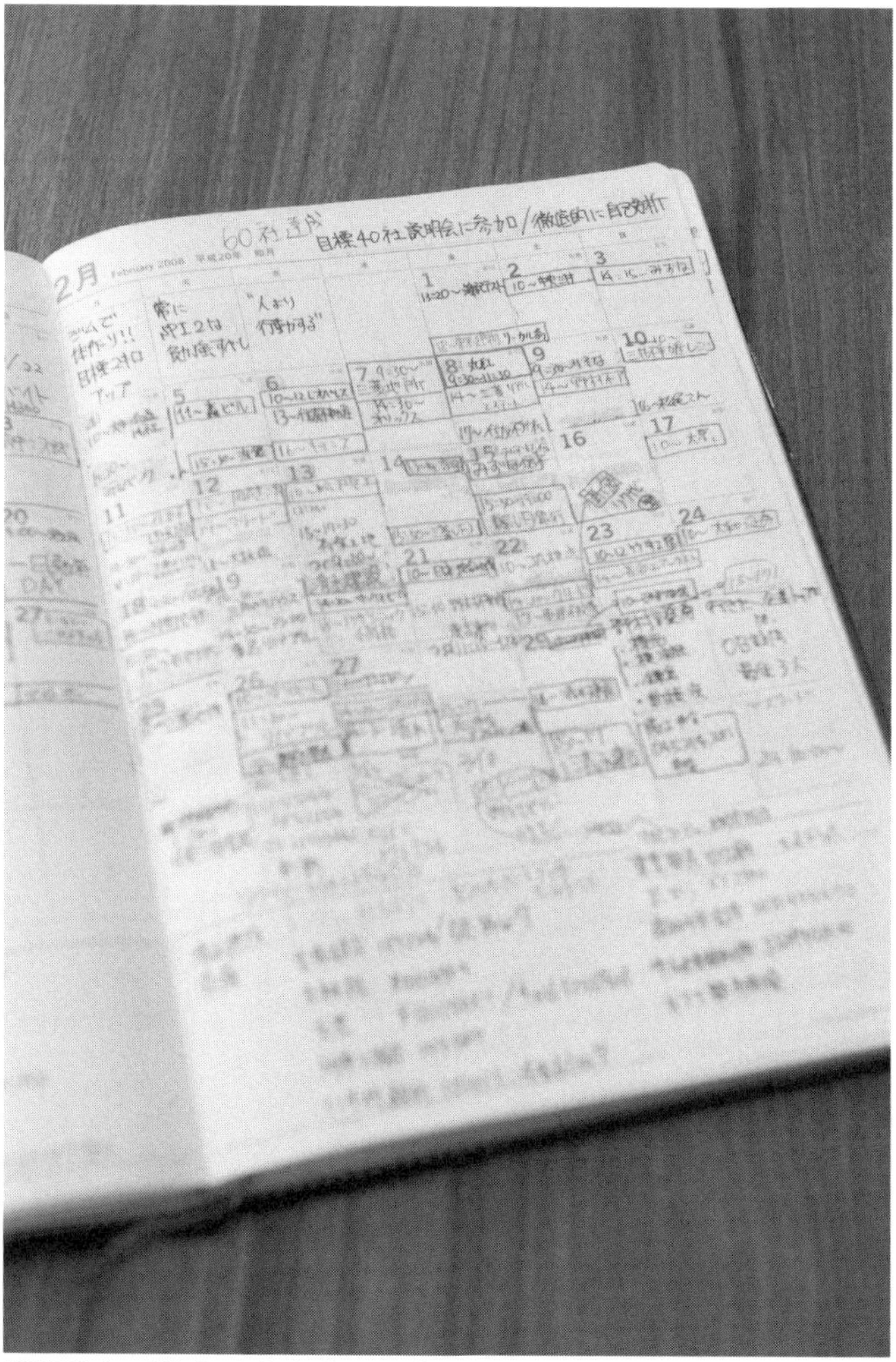

就職活動中の手帳。とにかくスケジュールを詰め込んだ

つの自尊心でした。

もはや何のために就活しているのか怪しいものです。そんな強がりを自分に言い聞かせながら、面接の場で、そんな事情を知るはずもない方から「あなたが人生でいちばん辛かったのはどんなときですか？」と聞かれて、「それはまさしくいま、彼女に振られたときです」と、作り話にしては凝りすぎているリアルな話をそのまま話して、なぜかずいぶんウケました。私も、就活をしながらそんな話を聞いていただけて助かりました。

結果として、ほぼ1か月勝負の就活で、私は勝ちまくることができました。第1志望の野村證券をはじめとして、さまざまな業種の上場企業、有名企業、業界トップ3に入るような大手企業といった、学生なら誰でも行きたくなるような企業19社すべてから内定をいただくという、完全勝利を手にすることができたのです。

彼女に「振ってもらった」おかげで、私は就活で本来のパワーを一段と発揮し、短期間でとても濃厚かつ貴重な経験ができました。無事就職できただけでなく、私自身の中にあったコンプレックスを払拭できましたし、就職後、そしていま経営者としてビジネスに取り組む際にも役立っていることもあります。

私の経験をもとに、全戦全勝の戦略を、いくつかまとめたいと思います。

結果を出すには待っていてはダメ

私の場合は急に事態が変わり、就活に強制突入させられることになりましたが、**勝つためには、一にも二にも、「自ら」動くことが大切だと痛感しました。**

親が、友人が、先輩がいいと言うから就職する。みんなが行くから、自分も付き合いで説明会に行ってみる。そういう行動をしていたら、私の就活はきっとみじめだったと思います。就活は自分の人生を自ら切り開く道筋です。自分がどうしたいのか、ということに忠実に従い、どうするかを自分で考え、自ら動くことが基本ですし、そう割り切ればとても楽しくなります。

次に、「自ら」動くとき、具体的にどんなことを心がければいいのかですが、結論から言えば、それこそダメな人間の持つパワーを遠慮なく発揮して、密度を高め、行動の量を増やすことの2本が柱になります。

就活にはライバルがいます。同じタイミングで活動している、何万人もの優秀な学生と、まさにいま競っています。

彼らに勝つためには、少なくとも会社側の人から見て、彼ら以上の存在になりたいところですし、彼ら以上に一生懸命情報を集める必要があります。本当は行きたかった会社なのにタイミングを逃した、とか、下調べが足りなかったせいで自分にピッタリの企業を見過ごしていたなどというのは、悔やんでも悔やみきれません。

だから、**「人よりも行動する」ことをとても大切にしました。**「1・5倍の目標を立てる」という際にも説明しましたが、会社説明会に参加するにあたっては、ただなんとなく参加するのではなく、いつまでに何社行くのかを明確に決めました。そして、その社数に黙って1・5をかけました。スケジュール帳がいっぱいいっぱいになるまで予定を詰め込みました。そして、1か月で150社回りました。やろうと思ったから、本当にできてしまったのです。

企業研究やOB訪問、あるいはもっと現実的な話として就活のための資金確保なども、同じように具体的な期限を区切って、具体的な目標を立てることをおすすめします。とにかく、ただ待っているのはもったいない話です。

学閥、出身校は関係ない

私が身をもって証明したいのは、**就活には、学歴や学閥は関係ないということです。**これは、声を大きくして言いたいことです。

もちろん、実際に社会には学歴や学閥が存在しますし、就活の際有利に働く大学は存在するのでしょう。でもそれなら、慌てて就活を始めた私が全戦全勝だったことと整合性が取れません。

出身校によって多少受かりやすいということはあるにせよ、出身校のせいでどこにも内定をもらえないと嘆くのはおかしな話なのです。

横浜市立大学は、素晴らしい大学ですが、正直言って大きな大学ではありません。半分は医学部で、文系は実質的に単価大学です。民間企業で活躍しているOBの絶対数も少なく、先輩に頼った就活もあまり期待はできません。

それでも、**私という人間を横浜市立大学出身だからという理由で落とした会社は1社もありませんでした。**つまり、採用する側は、横浜市立大学の学生を採用したのではなく、私、菅沼勇基を採用してくれました。現に、住友不動産で、横浜市立大学出身者の採用は私が初めてでした。

これは、大企業、歴史ある企業、財閥企業、どこも同じことです。企業だってバカではありません。採用する理由があるなら、大学名などおかまいなしに採用してくれます。コネばかりで採用していては会社がダメになることを、よくわかっています。

見る人は、しっかりと私自身という人間の力を見てくれている。そう心から思えたことも、私にとっては就活の大きな成果でした。どうか皆さんも、**自分の学歴や出身校のせいにすることなく、自分自身を売り込むことを考えてみてください。**

面接で何を語るかは自ずと決まる

就活で避けて通れないのは面接です。受験と違って、面接の善し悪しは大きく結果に結びつきます。説明会でのやり取りやＯＢ訪問も広い意味では面接に含まれますから、面接をどう勝ち抜くかは、就活の結果を決定的に左右します。

私が見てきた限り、多くの人が面接を勘違いしていました。面接を、自分自身をアピールするだけの場所だと思い込んでいるのです。緊張して、いっぱいいっぱいになっている人ほどこうした傾向が強いと思います。

緊張しているときは、こんなふうに発想を転換してみてください。

「この会社の特徴は何か?」
「この会社はどのようなメッセージを社会に発しているのか?」
「この会社は、どんな人を採用しようと考えているのか?」
「この会社は、どんな性格の社員が多いのか?」
「いまこの場にいる面接官は、どんな人なのだろうか?」

つまり、自分の視点ではなく、相手の視点、採用する会社側の視点に立ってみるトレーニングです。

この意識を持っているだけで、面接の準備の段階から、気持ちが変わってきます。

慌てて会社のホームページを見て、企業理念に対して付け焼き刃のような感想を述べても、たちどころに見抜かれてしまいます。むしろ、私たち自身の性格や特徴、得意なところが活かせそうな会社を、企業理念やメッセージから読み解きます。「御社は○○だと思いますが、そんなところに自分はうまく合うと思います」と言えたほうが、ずっと戦略的で、実利的であるがゆえに「わかっている人間」と映るのです。

すぐ使えるテクニックもあります。いままさに面接官として向き合っている相手に、徹底的に合わせてみるのです。

その人はどんな人なのかを観察し、同じようなトーンで接します。

複数面接官がいたり、他にも社員と接する機会があったりすれば、共通項を見出します。元気がいい、挨拶が明るい、微笑みを絶やさない、話すテンポが速い……などなど、何か共通しているところが発見できれば儲けものです。それはきっと、その会社の大切な文化の一部です。

そして、すぐ真似てみてください。元気がいい企業文化のところには元気よく、落ち着いたトーンの企業文化のところには落ち着いたトーンで。冗談を言って緊張を解こうとしてくれている企業には明るくひょうきんに、まじめ一本、鋭い雰囲気で質問してくる人にはこちらも厳しめの引き締まった態度で。いずれにしても、共通点を言葉にしないうちにアピールできて、とても有利になります。

ダメな人の例は、たとえばいつでも、どんな会社でも明るくハキハキとしている、反対にいつでも落ち着いて話す、というようなパターンです。個性があってよさそうにも思えますが、実際は自分の都合を押し付けているだけに過ぎません。いろいろな異性とデートするとき、いつも相手に対する態度は同じではありません。相手に合わせられる人間が成功します。就活もまったく同じです。

相手の語尾や口調を真似たり、相手が頻繁に口にする言葉を自分もすぐ使ったりすることも有効です。「こいつ、わかっているな」とか、「場に合わせる能力に長けているな」という評価をもらえる可能性が高まります。

こうしたテクニックは、就職した後もとても有効です。早くから身につけているほど有利だと思います。そして、こうした作法が身につくと、自分自身がうまく客観視できるようになり、変な緊張からも解放されます。

私がこうしたテクニックを身につけられたのは、現役の大学受験の際に、横浜国立大学の自己推薦入試における面接で、緊張のせいでまともに話せなかったことがきっかけです。やがてやってくる就職活動では面接が最重要関門なのですから、早いうちから人に対して話し、説明できることに慣れようと、場数を踏んでいたのです。これは、少し後で説明します。

定番の質問は完璧に準備する

面接や作文で何を語るかは、実はすべて会社側の説明にヒントが隠されています。会社研究はそのためにしていると考えると、義務感ややらされている感がなくなって、宝探しをしているような気分になります。

ある会社の説明は、専門用語がたくさん並び、繰り返し使われています。それがわからなければ、確実に調べておきます。戦略的に重要な商品名なのかもしれませんし、世間で思われているよりもずっと、その会社にとっては重要なテーマになっているものかもしれません。これらはしっかり身につけて、自信を持って面接や作文で使いまくります。

どんな会社でも、どんな業界でも、面接で定番となっている質問があります。自己紹介に始まり、「学生時代、いちばん力を入れて取り組んだことはなんですか？」とか、「あなたの長所と短所を教えてください」とか、「最近気になったニュースはなんですか？」などなど、どんな就職本やインターネットでも必ず載っています。

そんなありきたりな対策は面倒くさい、というのはもったいないのです。**定番の質問など、せいぜい50個、多くても100個もありません。すべての質**

問に対して、自己分析をしっかりして自分の言葉で語れる答えを準備し、練習しておくべきです。

これはいわば、定期テストの出題範囲のような話です。150社回った私の経験上、面接での質問は、9割以上が定番質問です。そこであたふたしているのでは、なんとも格好がつきません。いっぽう、完璧に準備ができていると、自信と余裕を持って臨めます。

面接は自分という商品を売り込む場だ

面接は、どうしても「お願いですから私を会社に入れてください。内定をください」という必死な意識になりがちです。自信がなければないほどそうなってしまいます。残念ながら、そうした人は、切なる望みとは裏腹に、なかなか内定がもらえません。

私は、就活をこういう意識でとらえています。**「私は私を売りに来た営業マンです。御社のご事情を拝見する限り、私を採用するといいことがあるのではないかと思いますよ。よかったら就職してあげてもいいですよ」**

同業他社を含め、他社の内定状況も、聞かれればすべて正直に答えてかまわないと思います。それは、自分という商品をどの会社が評価しているかをわかりやすく示しているだけだからです。目の前の採用担当者がそれを聞いて気分を悪くするということはほぼありません。

就活、そして面接は、お願いの場でも、土下座して仲間に入れてもらう儀式でもありません。相手もそんなことをされたら困ります。会社は、ビジネスを膨らませてくれる人を探しているだけです。受けに行く人も、ビジネスライクなくらいでいいと思います。

これは、実際の営業の現場も同じです。土下座して、おまけをいっぱいつけて、半泣きになって「買ってください」と頼み込む営業マンと、「よかったら売ってあげてもいいですよ」とちょっと生意気なくらいな営業マン。どちらが信頼できると思いますか？　土下座までして売り込むのは、そうでもしないと買ってもらえないくらい質の悪いもので、売り手にも自信がないものだと思われてしまいます。

就活も、面接も交渉事です。必要以上に高飛車になることはありませんが、ガチガチに緊張していたり、妙にへりくだっている人は、間違いなく不利になります。

ちょうど、テレビを売るのと同じです。あとで私が家電量販店でアルバイトをしていたときのことを述べたいと思いますが、面接での態度は、お客さまにテレビを売るくらいの感じがちょうどいいと思います。

「このテレビ、いいところは、ここと、ここと、ここです。おすすめですよ」

「デメリットも一応あります。説明しましょうか？」

「お値段は○○円です。どうされますか？」

ここまで手を尽くせば、自分という商品を「買う」か「買わない」かは、お客さまである企業の判断です。できる範囲で値引きするかもしれませんが、土下座はしません。面接の態度も、ちょうどこのくらいが適していると思います。

私はテレビを売る現場で、どのような言葉がきっかけとなってお客さまの購買に結びつくかをずっとシミュレートしてきました。そのおかげで、自分という商材を売るときの言葉の使い方にも大変役立ちました。

変でもいい。自分にしか語れないことを語れ

定番の質問でも触れた自己分析ですが、なかには自分は取るに足らない人間で、分析したところで売り出せるような「自己」なんてない、と思ってしまっている人もいるでしょう。しかしそれは、とてももったいない勘違いです。特に大勢の世界からはずれて生きてきた、ダメな私たちにこそ、実は金鉱脈が隠れています。

こうした思い込みを打破する方法は、まず、**「企業分析×自己分析＝オリジナルの答え」**という方程式を意識すること。そして、**「絶対に自分にしか語れないことを堂々と語ること」**のふたつです。

繰り返しになりますが、その企業が何を求めているかは、企業研究の結果知ることができます。そこに、自己分析の結果をかけ合わせると、そもそも自分がその会社に向いているのか、あるいはその会社は「自分」という売り出し中の商品を買ってくれそうかどうかが見えてきます。

あとは、その部分をアピールすればいいのです。こんな戦略を取っている就活生は、そう多くはありませんし、企業分析と自己分析がどうしてもマッチしなければ受けに行く

だけムダですから、時間が省けます。

そして大切なのは、自分にしか語れないことを、堂々と話すことです。定番質問に対する返答に、こうした要素をどれだけ混ぜられるかが勝負になってきます。

自己分析をする際は、まず「他の同世代の人が経験していないことは何か?」と問いかけてみます。あるいは、「いまの自分自身を形作ってきたできごとの中で、際立って独特なのは何なのか?」という考え方も有効です。

何も、真面目一本槍しか許されないわけではありません。私は2年間愛し、すべてをささげようとした彼女に振られてぼろぼろであることを、何社もの面接で正直に言いました。見返してやりたい、だから、当初考えていた営業路線で勝負したい、と訴えました。

正直、そんな話をする就活生は私しかいなかったでしょう。しかし、一見就活と何も関係のなさそうなこの話はどの会社でも親身になって聞いてもらえましたし、その証拠に私は1社も落ちませんでした。面接官に、人間として励ましてもらったこともありました。それもこれも、私が、私にしか語れないことを、ウソのない私の言葉で語っていたからだと思います。これはダメな人間だからこそ持てる、圧倒的に強い就活の武器です。

「少年時代から大学に至るまで野球を一生懸命やって来ましたが、それはさておき、実は自転車で仙台に行って道が開けたのです」なんて、どこでも面白がって続きを聞いてもらえました。私は、ただ一方的に仙台に行った思い出話をするだけではなく、その**エピソードの中で自分が何を感じたか、いかにして目標を立て、打ち破り、自分を成長させる方法を知ったか、その後の目標設定の方法にどんないい影響があったかをアピールしました。**これこそ、私の自己分析です。

すると面接官は、単に破れかぶれの先輩後輩がチャリンコで仙台に行っただけの話かと思っていたら、それが人生を揺るがす経験になり、いまこの場で自分の能力を裏付ける証拠になっていることに気づいてくれます。どんな会社であろうと、自分で目標を設定できて、自力で自分を成長させられる人材ならば大歓迎だからです。

自分だけがしてきたことが、どう仕事に生きるかを説明できれば、面接は全勝だって夢ではないのです。ダメな人ほど勝ちやすいのは、就活でこそ顕著だと思います。

英語ができなくても外資系から内定！

就活においてスキルはアピールのポイントになりますが、スキルはあくまでスキルでしかありません。これも私が実際に体験した話です。

私が内定をいただいたなかには、なぜか有名な外資系銀行があります。まさかそこも、振られた話と仙台に自転車で行った話で乗り切ったかというと、さすがにそれだけではありませんでした。

私は、英語がまったく話せません。謙遜でも何でもなく、本当です。そのくせに外資系銀行を受けに行ったのですから、度胸だけは本物です。

面接は集団方式で、東大生や帰国子女が大勢いて、私の組でも、面接官の英語の質問に流れるようなきれいな英語で答えていました。

私はと言うと、その場が凍りつきそうになるカタカナ英語を、しどろもどろになりながら繰り出すだけでした。だいいち、面接官にいま何を質問されているのかが、そもそもよくわかっていないのです。

英語として合っているか間違っているかはわかりませんが、とにかく頑張るという熱意だけは伝えたくて、ひどい発音で「アイ・トライ・トゥ・スタディ・イングリッシュ・ベリー・ハード！　モア・ハード！」とアピールしました。周囲の学生からクスクス笑われました。

こんな面白い試験もありました。ＡＴＭで使い方がわからず迷っている日本語のわからない人を英語で案内する、というものでした。

ここでも当然しどろもどろです。しかし、とにかくやる気を絶やさないようにして、文章にもならないような、適切かどうかもわからない単語の羅列で乗り切りました。

結果は、合格でした。見事内定をもらえたのです。

結局、その外資系銀行は、英語のスキルだけを見ていたわけではなく、熱意がある人を採用しようとしていたか、困難な状況でもめげずに、いま持っている力とスキルでこの場をどうにかしようとしている私を評価してくれたのです。もちろん、もしその銀行に進んでいたら、きっと後から嫌になるほど英語を勉強させられたはずですが、会社はそこだけを評価しているわけではありませんでした。

大きな企業ほど、さまざまなタイプの人材を取る余裕があります。決してその会社のステレオタイプにはまらないからといって、最初から諦めるというのはもったいない話なのです。

あなたが社長だったらどうする？ を考える

どうしても面接に自信が持てない、結果がついてこないときは、思い切って発想を転換してみるといいと思います。そのもっとも有効な方法は、「もしも自分が面接官だったら？」あるいは、「もしも自分がその会社の社長だったら？」というシミュレーションです。

考えてみれば、私はいま、横濱コーポレーションの経営者で、面接をする側になっています。そんな私が何を考えながら面接しているかというと、**経歴よりも、自らの能力をどのように情熱とかけ合わせて仕事に向き合うか。つまり目標を自ら設定し達成する積極性や、くじけない力です。**だから、ただ頭のよさや知識の広さをアピールされるよりも、どん底から這い上がったエピソードや、いろいろと壁に当たったなかで夢を見出してきた話を聞かされると、自分のこととクロスオーバーしてしまい、力が入ります。

でも実際は、ほとんど採用に至りません。

こちらが聞いていることに、まともに返答できない。目が泳いでいる。仕事がしたいのではなく、給料のことしか考えていない。

私には、実は決定版の「定番質問」があります。

「本当に忙しいけれど、どうしてもやらなければならない仕事があるとき、逃げたりしませんか?」

面接である以上答えは「逃げません!」の一手ですが、そのときの表情を観察します。実際にめちゃくちゃな残業をさせようというのではなく、仕事をどうとらえているか、その考え方が、一瞬の表情、返答までの間の空き方に見えてくるのです。

私の例もヒントにしながら、会社研究と自己分析を経て、もし自分がその会社の経営者ならどんな人を採用したいか、もし自分が面接官なら限られた時間の中でどんな質問をするかを考えてみると、頭の体操に役立つと思います。

結局最後は、やるか、やらないかしかない

私流の就活術を書いてきましたが、どう活かすかはもちろん自由です。ただ、私にはひとつ自信を持って言えることがあります。

結局は、やるかやらないかであること。もともとがダメな私たちは、本当はこの分野を得意としていること。そして、実際にやったことは、結果のいかんにかかわらず、必ずその後の人生に生きてくることです。

就活のテクニックは、ここに私が書いたこと以外にもたくさんあります。しかし、実際には受かり続ける人と、落ちる人にはっきりと分かれます。その理由は、テクニックやノウハウを知っていても、実際に行ったか、行っていないかの差だと思います。

勉強になった、参考になった、面白かった、なんでもかまいません。人に会い、本を読み、新しい知識を得ることは大切です。でも本当は、それを実際にやるかやらないかにすべてかかっていると言っていいでしょう。ここでこそ、ダメな自分が持つ無鉄砲な力を爆発させてください。

私は、1か月で150社を回りました。それでも、結局行けるのは1社だけです。で

は残りの149社での就活はムダだったのかというと、まったくそうではありません。

149社分の会社研究、業界研究を行ったことで、私の知識が広がったことは言うまでもありませんし、自己アピールの経験を短期間で積めたことは、就職後の営業マンとしての自分にとって大きな力になりました。

何より、急な失恋を耐えしのぎ、コンプレックスをはねのけ、自分をもう一度挑戦する気持ちにさせてくれたのですから、本気で就活に取り組んでよかったと思います。

お金をもらって勉強できる最高の場所

この章の最後で触れておきたいのは、就活に役立てるためのアルバイトでの「学び方」です。

アルバイトは、一般的にお金を稼ぐために行うケースが多いでしょう。稼ぐ目的はいろいろです。単に遊ぶためのお金が欲しいだけのこともあれば、学費や生活費を稼ぐため、夢の実現への貯金ということだってあるはずです。また、なかには就活や受験に失敗してしまい、不本意ながらアルバイトをしている方もいるかもしれません。

私がここで言いたいのは、アルバイトの第一の目的がお金稼ぎであっても、それだけのためにするのはもったいないということです。

視点を変えれば、**アルバイトは時給をいただきながら、業界が研究できたり、生きたマーケティングが学べたり、プレゼンのスキルを磨けたりする素晴らしいチャンスです。**しかも、繰り返しますが授業料は無料、それどころか給料までくれるのです。

ただお金のためだけにアルバイトをしている人は、ぜひもっともらえる無形の報酬を見逃さないでください。そこにこそ、次の仕事や、就活の勝利につながるヒントがたくさん落ちているのです。

最初こそ、女の子に近づきたいという目的でスーパーのレジを打っていた私でしたが、大学2年になってからは、アルバイトを学びの一環としてとらえるようになりました。

まず、基本的なスタンスとして、アルバイトをしていられるうちに、興味のあるさまざまな職場や業態を経験しようと思いました。なかには関心があっても自分に向かないものもあるでしょうし、思っていたのとはずいぶん違う業界である可能性もあります。アルバイトは、いわばそこに「潜入」して、実際に自分の眼で事実を確かめることができるチャンスです。社員や取引先の方と知り合いになれれば、思わぬ裏情報が聞けたり、自分が疑問に思っていることを教えてもらえたりもします。

私が特に力を入れたのは、夢である病院経営に役立ちそうなこと、本で学んだ知識を実地で経験できそうなこと、そして就職活動でもおわかりの通り、経営者としての力になりそうな、営業や販売活動に役立つアルバイトでした。

病院を経営したいなら、まず病院を見てみたいという単純な理由で、横須賀の病院で夜間の医療事務をしていました。横浜が好きですから、名物シウマイの崎陽軒でアルバイトし、名物を売る気持ちを探ってみたりしました。

派遣業界に関する本を読んだあとは、短期の派遣ビジネスの実情を知りたくなり、実際に登録してアルバイトをしてみました。駅から遠く離れた作業場に派遣されて、びっくりしたことを覚えています。

高い時給にひかれて家庭教師や塾講師もしてみたのですが、これはまったく不向きでした。子どもに勉強を教えるのではなく、面白おかしい話ばかりしてウケを取りに行ってしまうのです。

バイトで学ぶ経営学

そして、さまざまなアルバイトの中で私の「本命」は、販売やマーケティングに係わる職場でした。

神田昌典氏や本田健氏の本を読んで学び、実際に現場ではどのような仕事をしているのか体感したくなったのです。

忘れられないアルバイト先があります。幼児向けの教材をテレアポ（渡された名簿に電話をかけること）で販売する仕事で、成約するとインセンティブがもらえます。これは修業と実益を兼ねた素晴らしい仕事になるだろうと思いました。

でも実際は、想像とは大きく異なっていました。1時間を50分と10分に分け、50分間電話をかけ続け、10分間休みの繰り返し。すぐ後ろを社員が巡回していて、絶対に逃げることはできません。これで、電話を受けた人が心から買いたくなるようなトークが本当にできるのか、私には疑問でした。

そして、実際に販売している教材のセールスポイントをレクチャーされるのですが、素人目にも魅力が薄く、たとえ仕事でも明るい声ですすめられそうにはありません。それでも時給が欲しければ、仕事と割り切って電話をかけ続けなければならないのです。

私はこのとき、売れないもの、魅力のないものを、いくらお金をかけて上手に売ろうとしたところで、結局は売れないのだということを学びました。本当に大切なのはセールストークでも売り方でもなく、買いたくなる商品を売ることなのです。それを悟った私は、結局1件も教材を販売することができませんでした。

そこで、私が大学3年になって最終的にたどり着いたアルバイトは、大手家電量販店の店頭に立つ、販売員の仕事でした。

販売こそ王様です。マーケティングを口にする前に、まずはよい商品をしっかり販売することができなければ、結局砂上の楼閣であることがわかったからです。

売り場で最初に任されたのはゲームソフトでした。これにはがっかりで、ゲームソフトは単価が安いだけでなく、単純に人気のソフトが売れ、人気のないソフトは売れないだけです。販売員として力を出す必要が薄いジャンルです。

私の希望は、衝動買いはしにくい、価格の高い家電でした。家電量販店では高額の商品を売る販売員は花形で、なかなかさせてはくれませんでしたが、アピールが認められ、ついに店頭でテレビを売らせてもらえるようになりました。

掃除やお客さまの案内、呼び込みまで、あらゆることをしました。家電量販店はすで

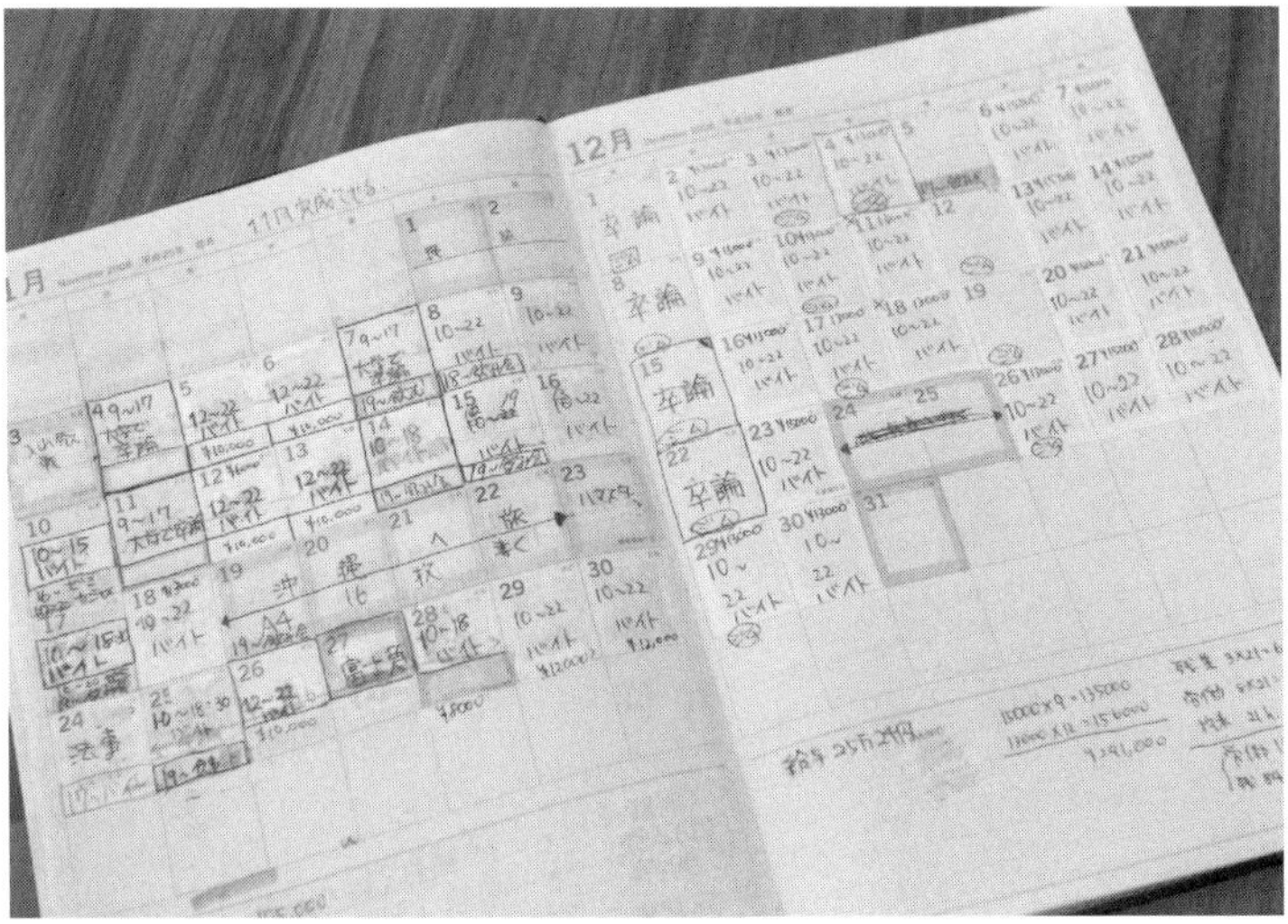

大学4年年末のスケジュール。卒論とバイトで埋めつくした

にブランドになっていて、お客さまの中に定評があります。そこで、店頭にやってくるお客さまに、性別や客層、行動やしぐさなどをヒントにして、どんな人が実際に買う意欲があり、彼らをどう呼び込み、どんな言葉をかけるとより購買に結びつくのか、あれこれ試しました。これこそが、苦手な面接の克服に役立ったワーディングです。

努力が実り、大学４年の年末商戦では、全国全店でもっともテレビを売ることができました。１日平均約３００万円、台数にして30台のペースで売り、最高記録で４８６万円の日商を叩き出しました。

いずれにしても、私はアルバイトをただお金を稼ぐ場所としてだけではなく、生きた研修の場として、知りたいことを教えてもらえる機会としてとらえることができました。これはぜひ、いつかチャレンジしたいと考えている大学生やフリーターの人たちにもおすすめしたい方法です。

目的を持ち、観察する気持ちを持ってアルバイトをすれば、給料がもらえるだけでなく、仕事が楽しくなって、そのうえ知識や経験も増えていくのです。お金を稼ぐことと学びを得ることを両立させながら、あれこれ体験できるのは、若いうちの特権といっていいでしょう。

Chapter 5

年商10億円！その先に見えたもの

なぜ不動産業界を選んだのか？

就職活動を全勝した私でしたが、第1志望だったはずの野村證券ではなく、住友不動産に入社することに決めました。

営業としての自分を鍛えるには、野村證券のほうがよかったのではないかといまでも思います。ただ、そのいっぽうで、自分が経営者になるとしたら、最初に取り組みたいのは不動産に関する仕事にしたい、それも、地元・横浜で立ち上げたいと考えるようになっていたのです。

私と不動産業の接点は、実家が農業の傍らで営んでいる貸家業です。実家の庭先にアパートがあり、威勢のいい大工さんたちが出入りしたり、店子さんが引っ越してきたり、出ていったりするのを見て育ちました。それが、前にも述べた通り農業だけではなかなかやっていけないことへの解決策であることなど、まだほんの子どもでしたから、知るはずもありませんでした。

忘れられないのは、母や祖母が、時々真剣な表情で悩んでいたことです。空室が増えてしまい、現金収入が減っていたのです。

「入らないねえ。早く入ってくれないかねえ」。それが、母や祖母の口ぐせでした。でも私はのんきな子どもでしたから、空き部屋ができたら友だちといっしょに勝手に入って遊ぶことができて、実は密かに喜んでいたのですが。

那須での6年間の中高生活が終わって帰ってくると、実家が直面している問題がだんだんと私にもわかってくるようになりました。

誰も住んでくれないのは内装が古いからだ、設備を新しくしたほうがいい……いろいろな人が、大家の苦しさや不安につけ込んで、いろいろな話を持ちかけてきます。実はよく調べてみるとそれが不当に高い料金で、結局入居に結びつかないまま、お金だけが減ったなどということもありました。

入居者が見つからず、空き部屋のままでいることが、こんなにも人を不安にさせ、みじめな気分にさせる。私は初めて、不動産経営の大変さを垣間見たのです。

それに追い打ちをかけたのが、祖父の死でした。

祖母が亡くなってから寂しい思いをして暮らしてきた祖父のお葬式を出すと、私たち家族には、重い相続税がのしかかってきました。

何も悪いことをしていないのに、ただ先祖代々の土地を大切にしてきたのに、社会情勢の変化に対応しきれなければ、容赦なく物納（相続税を現金で払う代わりにモノで納めること）せざるを得なくなります。
法律で決まっていることなのですから、恨み言を言うべきではないのかもしれません。でも、実際に当事者になってみれば、その虚しさ、大変さは想像を絶するものがあります。ご先祖様に申し訳が立たないのです。

実は、同じような思いをしている大家はたくさんいます。知識がないばかりに不動産業者の甘い言葉に乗せられて無理に借金を重ねさせられたり、リフォーム業者のいいなりになったりしている人の涙を、私は知っています。

でも、よくよく見てみると、しっかりとした仕組みを作り、気持ちを込めて一生懸命働けば、適正な価格で入居してくれる人は必ず見つかるはずです。何と言っても、私のふるさと横浜は、誰もがうらやむブランドです。

そして、ズルや小細工なしに、貸すほうも住むほうも、建てる人も管理する人も、誠実さと熱意と夢で結びつけるポイントが、きっとどこかにあるはずです。いいものは必ず売れます。問題は売り方です。

病院経営に至るまでの経営者としての修業をするなら、不動産に直結しているほうがいいのではないか。それが、不動産経営で困っていた亡き祖父母へのはなむけに、そしていまも困っている父母の助けになるのではないか。

こうした思いから、私は不動産会社への就職と、そこでの修業を決心しました。

学びの期間は3年間。目標を立てる際の最長の期間に従って、私はそう決めました。

3年間がむしゃらに働き、圧倒的な結果を出し、力をつけたあとに起業する。こうして私の会社員生活は、かなり高いモチベーションで始まりました。

3年間のつもりで、がむしゃらに働いた

住友不動産は、文字通りの財閥系企業です。都心の水道橋にある寮に入りました。

実は、私が東京のどこかに通い、東京に住むのは、これが初めての経験でした。知っているつもりでも、やはり東京のど真ん中に住み、東京のど真ん中に勤めて、東京のど真ん中ばかりを営業して回っていると、すべてが横浜とは違いました。大都会はすごいと思ういっぽうで、横浜への思いは濃くなっていきました。

ところで、住友不動産という企業は、実は大きなベンチャー企業でした。

財閥系の不動産会社と言えば、三菱財閥の三菱地所、そして三井財閥の三井不動産です。

ただ両社は東京での歴史が古く、さらに全国にも展開しているのに対して、住友不動産は歴史的に住友財閥の起源である大阪を拠点に長く活動を続けていたため、東京での歴史は2社に比べて浅く、基盤も弱いものでした。しかも、グループの本社筋も不動産部門を持っていて、むしろそちらのほうが歴史が古いのです。

そこを、営業力でグループ内外のライバルと戦っていかなければいけないというのが、住友不動産のカルチャーでした。大きなベンチャー企業であり、変な言い方ですが、大きな中小企業のようでした。

入社した同期は30人。まずは研修として、花形であるオフィスビル賃貸の営業を学ぶことになっていたのですが、私にはすでに明確な目標と期間があったため、1日も無駄にしたくないばかりに、研修中にもかかわらずいきなり奮起して、フル回転で営業を始めました。

すると、研修中にもかかわらず、本当に1件の契約を決めてしまったのです。研修はあくまで研修ですから、新入社員はまず営業の最前線を「見学」したあとで、まずは物件の管理部門に配属されてキャリアをスタートするのが暗黙の了解だったのですが、私が前代未聞の早さで成果を出したことが上層部の目に留まり、私ひとりだけ、1年目から特別に花形であるビル事業部に本配属されることになりました。

私がますます奮起したのはいうまでもありません。入社前から独立することは決めていましたから、とにかく3年間でできるところまで自分を試してみることにしました。そして、起業の資金を作るためにできるだけ出費も切り詰めました。

当時、社内では、新人だけではなく、ベテランでも、年にオフィスビルの賃貸を2件程度しか決められないというのが常識的な線でした。

そこで私は、3年後の独立を果たすために、まず自分で、社内の常識の4倍である年8件を目標に設定し、さらに黙って1・5をかけて、年間12件の契約を取ってくる目標を立てました。基本的な考え方は、受験や就活のときに培った方法と同じです。目標の数字は、上司にそうしろと言われたのではなく、自分で勝手に課しただけです。

年間12件ですから、月に1件。急に契約が成立することはありませんので、まずは種まきから始めます。ひとまず1週間に、飛び込み訪問200件、手紙を150通、アポイント15件を目標としました。つまり、1日40件飛び込み、30通の手紙を書き、いずれ1日3件のアポイントをもらえば、月1件、年12件の契約につながるだろうと考えたのです。切手代などの諸雑費は自腹でした。

1日40件訪問などというのは、さすがの私にも少々無茶すぎ、まったくと言っていいほど時間が足りません。それでも自分で決めたのだからと、内幸町、西新橋、虎ノ門、神谷町……クライアントとなる会社が集まっている地域を調べ、ビルの中を駆け回って飛び込みまくりました。

並行して、1日30通の手紙をすべて手書きで書きました。「役員四季報」などを調べてその会社のキーマンになりそうな人に目星をつけ、どんどん送りました。もとが落ちこぼれの私には怖いものなんてありません。時には直接出向いて、秘書の方に手渡しもしました。やがてアポイントが取れるようになると、時間はどんどん細切れになっていきます。それでも、10分空いたら飛び込み営業をかけ、5分空いたら手紙を書きました。

合間では、合コンや異業種交流も積極的にしていました。彼女が欲しいというのもありましたが、大手企業のサラリーマンとしていろいろな業種の人と話をして、知識と見聞を広げたかったのです。これも、ノルマを自分で決めて参加しました。

目標達成！ しかし虚しかった

1年後、私は本当に年間12件の新規契約目標を達成してしまいました。時はリーマン・

ショック後でしたから、新人としては目立ちすぎる成績でした。しかし、当の私は、世界的な金融危機など関係ない、言い訳を始めたら自分の負けなのだ、という思いを強くするばかりでした。

私は異例の本配属のうえさらに期待以上の成果を出したおかげですっかり上層部の目に留まり、今度は、競争環境が厳しく、成果がなかなかあげられていない新規事業部へ異動することになりました。

こう書いていると、就活に続いて就職した後もすべてが大成功、順風満帆で、何かを成し遂げたように思われるかもしれません。でも実際は、それまでと違って、私の心は満たされませんでした。

会社には、いろいろな人がいます。がむしゃらに頑張る人もいれば、がむしゃらに頑張ることを嫌う人もいます。世のため人のために働く人もいるいっぽうで、横柄で欲深くて、お金や成績ばかりを気にして、人に敬意を払えない人もいます。これは、お客さまも同じです。

私の実績は、多くの人に「すごい」と誉めていただきました。でも、私が思いを持って未熟な自分自身を成長させるために自ら強く追い込み、この結果を出していることを理解してくれる方は、ほとんどいませんでした。

それがくやしくて、私はいっそう自分を追い込みました。新人ではなく、先輩も交えた平均の成果の10倍を出すと目標をさらに高くし、意地になってしまいました。

しかし新規事業部では、私のめちゃくちゃな頑張りでも周囲の環境は厳しく、なかなか芳しい結果は出ませんでした。ただ、それ以上に私が打ちのめされたのは、不動産取引を学び、お客さまの信頼を得て、営業成績を出しても、それが結局は数字を争うだけの世界の話にしかならず、何のために働き、どんな志を持って生きているのかが次第に曖昧になっていくことでした。

「そんなに頑張って、何になるの？」そんな言葉もかけられました。こうしていてはいけない、まだまだ上を目指せるのではないかという気持ちと、いったい何のためにここまで自分を追い込んでいるのかという気持ちのバランスがうまく取れなくなってしまい、一時期は結果を出しながらも、追い込みすぎてノイローゼ気味になることもありました。

結果を出したのに自分自身がきつくなる。楽しくない。どうしてなのか？　その理由を、私は考えました。

いったい、この仕事を何のためにやっているのか。誰のためにやっているのか。この仕事で誰を救い、誰の人生を充実させているのか。

私は結果を追い求めすぎるあまり、いつか医者になりたい、病院を経営したいと思っていたころの自分の感覚を、見失ってしまっていたのです。

頑張るからには結果を出したい。もっと結果が欲しい。それはそれでいい。でも、それが社会にとって何の役に立っているのかが実感できなければ、結局ただの馬車馬と同じだったのです。

世間から見れば立派な会社に勤め、悪くない給料をいただき、結果を出していても、誰かのための仕事でなければ意味がない。

ここにはゴールはない。それがわかっただけで、私はこの会社に就職してよかったのだ。

そう気づいた私は、予定通り3年の修業で住友不動産を辞め、起業の準備に入ったのです。

横濱コーポレーション、起動!

住友不動産を退職した後に出会った女性と、私は結婚しました。彼女は、やがて独立起業して、誰もが納得できる、まっとうな不動産賃貸の仕組みを作ることでふるさとに貢献したいという私の気持ちをよくわかってくれて、1円でも無駄遣いをしないように気をつけてくれました。

起業に備えることも兼ねて、中小の不動産会社で働かせていただきながら、大手企業では学べなかったことや細やかな考え方、ベンチャー精神を学びました。そして2012（平成24）年の年末、ついに私は自分の会社を立ち上げました。

社名は、「横濱コーポレーション」としました。夫婦2人で始めるには、あまりにも思い切った、大げさな名前だったかもしれません。

でも、私はこの名前に、自分のふるさとである横浜を、不動産賃貸経営を通じて盛り上げたい、横浜を愛する人を助けたい、横浜に住み続ける人をサポートしたい、横浜を好きだと感じてくださる方にさまざまな機会を提供したい、という思いを込めました。

そして、このビジネスであれば、思いは横浜じゅうの誰にも負けないこと、そしていつか横浜で、神奈川でいちばんの存在になる覚悟を刻みました。

実際、横濱コーポレーションのスタートは、私たち夫婦が住んでいるアパートの部屋、そのものでした。自宅兼事務所、私が営業をして、妻が事務をするという状態から、すべてを始めたのです。

私は、このときに誓いました。

「必ず、ランドマークタワーに入居する！」

私は、住友不動産時代以上に頑張りました。今度は誰のためでもない、自分のため、妻のため、お客さまのため、そして横浜や神奈川県、社会のために頑張るのですから、一転してハードでも辛さはまったくありませんでした。

おかげさまで、横濱コーポレーションは、順調に成長していきました。

さっそく自宅と兼用では手狭になり、また出先との往復が負担になり始めました。そこでフライングかとは思いましたが、はやる気持ちは抑えられず、ランドマークタワーにあるレンタルオフィス（1〜2人用単位で貸してくれる小規模なオフィス）を借りてしまいました。

これで早くもランドマークタワーに毎日通うことにはなったわけですが、当然正式にランドマークに入居したとは言えません。でも、毎日毎日夢の場所に通うことで、モチベーションは維持できます。いまは2人用でも、来年には4人用、いや6人用になっているかもしれない。年商が10億円を突破すれば、いよいよ直接三菱地所と契約して、正真正銘ランドマークに事務所を構えられるかもしれない。

そう思うと、毎日はとてもハードでありながら、楽しく過ぎていきました。

不動産を売るのではなく、私を売った

私が会社を立ち上げたとき、最初から決めていたことがあります。

住友不動産時代、**住友不動産社員である菅沼勇基は、不動産を売っていました。**

しかし、横濱コーポレーションは、不動産を売らず、菅沼勇基を売ろうとしたのです。

この業界にも、当然ライバルはたくさんいます。でも、ライバル企業の大半は、相変わらず不動産を売っています。利回りや物件の善し悪しを売っています。

私は、自分がここまで歩いてきた万感の思いを訴える代わり、決して不動産を買ってくださいという言い方はしないようにしたのです。

私が不動産経営を通してしたいのは、仲間を集めること、そして信頼し合える仲間と美しい関係を保ち、仲間がそれぞれの価値を発揮するのを助け、世の中を間接的によくしていくことです。

中3の私を救ってくださったスポーツ医学の先生のように、医者になれなかった私は、

不動産のプロとして、先生として、オーナーや業者の皆さんを救い、皆さんによい仕事をしていただき、いい人生を送っていただくのです。

横濱コーポレーションは、買ってくださいとか、売ってくださいという言い方はしません。やみくもに不動産投資をすすめることもしませんし、不動産投資は儲かるからいまがチャンス、おすすめしますなどという誘い文句も口にしません。

率直に申し上げて、「不動産で金儲けしたいんだけど、何かいい話はないか?」とお客さまから声をかけられたら、金融資産10億円をお持ちだとしても、100億円をお持ちだとしてもお断りします。そういう方には、もっと向いている業者がいるはずです。

私が助けたいのは、たとえば私の実家のような家です。知識がなく、うまく経営することができなくて苦しんでいる。ではやめればいいかというとそうもいかない。先祖伝来の土地を守っていくために、いまはどうしても不動産経営を安定させなければならない。そんなニーズには、身を粉にしてお応えします。血眼になって入居者を探し、満室にします。

そして、中3の私のような、他の理由で自分のもっとも得意なことを諦めてしまうかもしれない悩みを抱えたお客さまに、全力で尽くします。

そして、よい仕事で世の中に尽くしている30代、40代といった現役世代の方々が、安心していっそう価値を発揮できるような不動産投資をご提案したいと考えています。

たとえば、私を救ってくださったスポーツ医学の先生が、何も金銭的不安なく医学に邁進し、思い切り突き抜け、誰にも遠慮することなく素晴らしい人生を進んでいくために金銭的なバックアップを築くためのお手伝いです。

医者だけでなく、経営者、弁護士や会計士など、自らの能力を発揮して活躍されている方こそ、いつ体が動かなくなるかわからないので、元気なうちに家族を迷わせないだけの基盤を築いておきたいという思いをお持ちなのです。そうした、何かのために、熱意と道徳観と倫理性を持って不動産投資を行いたい方こそ、横濱コーポレーションがお手伝いしたい「お仲間」です。なぜなら、そうした方々が活躍できなくなってしまうのは、世間にとって、この国にとって大きな損失だからです。

私は、たとえ相手が年長のお客さまでも、いまどのくらいの収入があり、どのくらいの資産を持っていて、何の目的のために、いくらくらいの投資をしたいのかを「面接」させていただきます。その場で、「金は十分払うから、とにかく稼げるだけ稼いで、大きな顔をして気楽に暮らせるようにしてほしい」などというお客さまには、せっかくですが失礼を承知でお引き取りいただきます。よそに、もっと適した不動産業者がたくさんあります。

不動産投資を、自分が社会に価値を発揮するための方法として認識している方を喜ばせるだけで、いまの横濱コーポレーションは手一杯です。美しいお客さまを助け、美しい関係だけを追い求めます。

私は「利他の力」「他喜力」という言葉が大好きです。私の持っている力とコネクションをフル活用し、よい金融機関をご紹介し、よい建築業者とお引き合わせして、美しい仲間の皆さまを喜ばせられるよう、全力を尽くします。

地産地消のビジネスにこだわりたい

社名を横濱コーポレーションとしたのには、私にとっての地域への思いがあるからです。横浜は、私自身のふるさとということを除いて考えても、本当に素晴らしい街です。おしゃれで、独特で、楽しくて、でも気さくな街です。

ただ、すぐ近くに東京があるからこその横浜であるということもまた事実です。東京がなければ成立しないというのは仕方のないことではあるのですが、やはり愛する故郷からは、もっと横浜らしいビジネス、新しいアイデア、そしてここに来なければ味わえない経験が、いま以上にどんどん生まれてほしいと思います。そして、そうした要素が増えれば増えるほど、街の人気も上がり、住みたいと希望する人も増えてくるわけです。

私のビジネスとして、いま横濱コーポレーションでしている方法やノウハウで、千葉コーポレーションを作ってもいいし、埼玉コーポレーションや大阪コーポレーションを作ってもいいわけです。うまく行けば、年商はどんどん増えていくことでしょう。

でも私は、いまのところそうした拡張にはこだわるつもりがありません。それは悪いことではないいっぽうで、いまの私は、たぶんそのようなことをしても、素直に喜べないからです。

私が横浜にいて、横浜DeNAベイスターズを応援しているのは自然な成り行きですが、いくら野球が好きだからと言って、中日も、阪神も、広島も応援するというのでは、やはりちょっと筋が通っていませんし、そもそも無理があります。

企業経営も地域に密着していくのなら同じだと思うのです。むしろ、私のような気持ちを持っている人が全国で起業して、それぞれ後に美しい仲間を集め、地域を盛り上げようとする志を持った企業が生まれれば、みんなで手を組み、提携していけばいいのではないでしょうか。

だから、私はひとまず、あくまで横浜の地産地消ビジネスにこだわります。横浜と神奈川県で、横浜と神奈川県のために生きていきます。

こうした思いを伝えたくて、FMヨコハマやtvkテレビ、そしてベイスターズの本拠地横浜スタジアムにも広告を出し始めましたし、横浜DeNAベイスターズのオフィシャルスポンサーや、かつて私も涙をのんだ高校野球の神奈川県大会の協賛を始めました。横浜を愛する人たちに、私たちも横浜を愛していることを伝えるのが、まず何よりのブランディングになっていくと確信しています。

高校野球に経営のヒントがある

私は大学を出て野球を「引退」しましたが、ここまでお読みいただければおわかりの通り、いつでも人生の節目に野球がありました。野球からいろいろと教えてもらい、いまだに野球からは教えられることばかりです。

私は沖縄に行くのが好きだと述べました。いつもは何も目的を持たず、ただ自分と対話するために滞在しているのですが、高校野球のシーズンだけは違います。私は沖縄県大会の予選に合わせて行くようにしているのです。

ここで、そこまで高校野球が好きならなぜ甲子園に行かないのか、疑問に思ってくださる方がいたら嬉しくなります。とても鋭い質問です。

私が、予選を愛する理由は、そこで起きることがとても経営のヒントになるからです。夏の大会は、常に負ければ終了です。その仕組み自体は、県予選の初戦であろうが、甲子園の準決勝であろうが同じです。

しかし、甲子園というのは不思議なもので、グラウンドに足を踏み入れただけで十二分な満足が得られる、球児すべてが憧れる聖地です。甲子園で初戦負けしても、甲子園に出た、甲子園でプレーしたということ自体が一生ものの勲章になります。プロ野球の選手名鑑でも、甲子園に出たか出ていないかはすぐにわかるようになっています。

私は、野球が映し出す本当のドラマは、県予選でこそ際立つと思うのです。

高校野球は、学校によってレベルに大きなばらつきがあります。甲子園常連校で、推薦で全国からいい選手をスカウトしている強豪校と、部員がやっと10人と少ししかいない学校では、素人目にも実力差は明らかです。

そんななかで、高校野球の選手たちはまだ自分たちの経験が不足しているケースにしばしば出くわします。リードを保ち、いい試合をしていたチームが、突然ピッチャーが打たれて緊張の糸が切れ、どんどん余計な点を与えて自滅していくようなゲーム。反対に、たったひとつのチャンスをものにして金星を手にするチームもあります。

壊れかかっているゲーム、切れかかっている流れをどうにか取り戻そうと、チームメイトが必死に仲間を支える姿や、ちょうど私の高3のときのようにいきなり勝てる見込みのない強豪校と当たってしまったものの、せめて頭脳を駆使してあれこれと抵抗のアイデアを繰り出してくる弱者の姿。あべこべに、甲子園に出る気満々だった強豪校がまさかの敗戦を喫しそうになり、みんな青ざめながらどうにか形勢を挽回しようとする姿。どれも、甲子園でも、まして野球の天才たちが集まったプロ野球でも絶対に見ることができない、スポーツを通じた人間の頑張る姿が投影され、集約されているのです。

沖縄には興南高校という強豪校があり、春夏制覇と同時に沖縄県で初めて夏の優勝旗を持ち帰った名将、我喜屋優監督の試合ぶりを見るのも楽しみです。

時間があれば、神奈川県大会も見るようにしています。野球は、どんな試合でも、必ず得るものがあります。

私は、経営者になったいまでも、やはり野球少年のままなのです。

愛する母校のいま

これからは、高校野球に対する応援も積極的に手がけていきたいと考えています。

まず、なかなか満足な練習環境が得られないチームにボールや用具を寄贈する活動を始めました。

私も弱小の野球部出身でしたし、用具をなかなか買ってもらえませんでしたから、苦しい環境で頑張って野球をしている子どもたちの気持ちはよくわかります。特に、肘を壊した経験のある人間は、使いまわしたボールを水分を吸ったままの重い状態で使うと、肘に負担がかかり故障しやすくなるのです。

完全な平等とまではいかないでしょうが、できるだけイーブンな、そして怪我なく、思いを発揮できる環境を、微力ながら作ってあげたいと思っています。それは、野球を通して世の中を豊かにすることにつながっていくからです。

本当は、偏差値27のやさぐれた私を育ててくれた母校、那須高原海城中学校・高等学校の野球部に、真っ先に寄贈したいところでした。しかし、残念なことに、もうあの懐かしい学び舎に後輩たちの姿はなく、奇しくもこの本が出版される2017年には、学校そのものが閉校となってしまうことになりました。

2011（平成23）年のあの日、東日本大震災で被災した母校は、その後の福島原発事故の影響で校舎や敷地周辺の放射線量が高くなってしまい、急遽東京・多摩市への移転を余儀なくされました。その後、結局帰還の夢はかなわず、生徒募集停止、そして最後の卒業生を送って閉校となるのです。

どんなに無念だったことでしょうか。

私には当初、「刑務所」としか思えなかった学校や寮。いつもふてくされて、誰の顔も見たくなくて引きこもっていた牧場。弱い野球同好会にはなかなか使わせてくれなかったグラウンド。水たまりでふやけて転がっていた白いボール。

もう、すべてが過去のことになってしまうのです。

野球部のかわいい後輩たちにも、迷惑をかけるばかりだった先生方にも、そして私を鍛え直してくれた学校にも何も恩返しができないまま、いまはただ最後の日を待つことしかできません。

もしかなうなら、真っ白なボールとバッティングマシーンを寄贈し、そして立派な合宿所を作ってみたかった。そして何年かあと、母校が栃木県大会で優勝する姿を見て泣きたかったのです。

いまはこの思いを、**社会すべてに向けて還元していくことで、どうにか自分の中で納得させたいと思っています。**

不動産業のトリプルスリー、三方良しを目指す

最後にもうひとつだけ、野球少年菅沼の目標を聞いてください。

プロ野球史上初、2年連続のトリプルスリー（打率3割以上、ホームラン30本以上、盗塁30個以上を同じシーズンで同時に達成すること）を成し遂げた、東京ヤクルトスワローズの山田哲人選手。前にも述べましたが、山田選手のような経営者に、私はなりたいと考えています。

いまさらいちいち私が紹介するまでもありませんが、山田選手のすごいところは、私なりの解釈でいくと、単打（ヒット）が必要なときには単打を、ホームランが必要なときにはホームランを、盗塁が欲しいときには盗塁ができる選手であり、しかも、そのうちのひとつができるだけでもプロ野球選手として十分生きていけるにもかかわらず、3つが同時に、同じ人間の中に同居し、調和していることなのです。

だからトリプルスリーなのだ、ということなのですが、私が言いたいのは、横濱コーポレーションや、あるいは日本の不動産投資に関する企業がいま心がけるべきは、山田選手のようなトリプルスリーの経営なのではないか、ということです。

不動産投資をとりまく業者の多くは、結局のところ、自分だけがよければいいと思っています。

売買に力を入れている業者なら、いかに安く買い叩いて高く売り抜けるか。ディベロッパーはサブリース（一括借り上げ）をつけるかわり、いつの間にか建築費にそのコストを乗せ、あとはいつ尻をまくるかを考えている。管理会社や設備会社は、入居者が入らないことにつけ込んで余計なメンテナンスや設備を売りつける。オーナーの中にも、自分が入居者のために価値を提供しているという意識が薄く、金儲けしか考えていない人がいる。どこのプレーヤーもエゴばかりで、調和も何もあったものではありません。

私は、不動産賃貸経営にこそ、走攻守のバランスがあるのだと思います。適正な価格で売買し、意味のあるメンテナンスを適正な価格で行うことで、適正な家賃で入居者を募集できる。結局こうした調和こそが、不動産賃貸経営を持続可能にするのではないでしょうか。

自分さえよければそれでいいなどという考えでは、空室率が一段と上がっていくこれからの日本では間違いなく回らなくなります。その代わり、信頼と敬意で美しく結ばれた人たちが提供する物件こそが、さまざまな意味で輝くのです。

私に言わせれば、山田選手のトリプルスリーは、近江商人の教え、「三方良し」そのものです。売り手良し、買い手良し、世間良し。横濱コーポレーションは、こうした考えに共鳴してくださる方だけを集め、本当に不動産賃貸でのトリプルスリーが達成できることを証明し続けていきます。

地べたを這った人に、運は味方する

偏差値27から始まった私がどうにかここまでやってこられた理由には、自分で言うのも格好がつきませんが、運が味方したこともあると思います。

では、ただのラッキーで運が味方したのかというと、私は、そうではないと声を大にして言いたくなります。

私はこの本でもお読みいただいた通り、筋金入りのダメな人間ですから、いつだって地べたを這ってきました。もっとも泥臭いところに顔を近づけ、そこから一歩一歩進んできました。

最初から、地べたを這ってみたいという人はいないでしょう。私だって、もし這わずに済んだのなら、きっとしなかったと思います。

でも、**実際に這ってみたからこそ見えたものがあります。** そして、バカ正直に地べたを這っている私を見てくれたからこそ、助け舟を出してくれたり、アドバイスをくれたりした人がいます。

そして、地べたを這った人には、同じように地べたを這った人が集まってきます。

運は、彼らが私に運んでくれたものだと思います。神様が味方してくれたのなら、神様を呼んでくれたのは彼らなのです。

だから、地べたを這ったダメな自分を卑下する必要など、どこにもありません。地べたを這わせてくれたダメな自分に、むしろ感謝したいくらいです。

地べたを這っても、うまくいかないことだってあります。

でもよく考えれば何も怖くはありません。なぜなら、すでに地べたにいるのです。失敗したところで、3センチ浮いていた体がもう一度地面に着くだけで、怪我も何もしないでしょう。むしろ、何メートルも上に行ってから地べたを這うことなんて、きっと怖くてできないはずなのです。

私も、そしてこの本を最後まで読んでくださったあなたも、どん底を這ったことはとてつもない強みになり、際立った個性になります。失うものが何もない場所にいた経験がある人なんて、めったにいません。

横濱コーポレーションの年商は、おかげさまで10億円を超えました。２０１６年の決算では12億円を突破し、さらに成長しています。偏差値27の男が、ひとまずよくここまで頑張ってきたとわれながら思います。

でも、失敗は何も怖くありません。それもまたいいのです。私たちは、A、B、Cの書き方から書いてある本を読んでここまで来たのですから、また同じことを、胸を張ってすればいいのです。

甲子園やオリンピックと違い、**ビジネスも人生も、負けてもかまいません。成功の形はいくらでもあります。自分にあった成功の形が見当たらなければ、自分で作ってしまえばいいのです。**

そう考えれば、失敗だって成功なのです。

どん底を見たものは、ダメだったからこそ、無限の可能性を知っているのです。いくらでもやり直せる、特殊能力を持った人間なのです。

いまは採用をする側になった私が評価したいのは、まさにそうした点です。本気になって学び、取り組みたい人、そうなりたいという意欲を持っている人を、私は大歓迎します。どんなことでも教え、伝えたいと思います。

同時に、**この横濱コーポレーションが、かつての私のように不動産業界で自らが頑張る意味を見失いかけてくすぶっている人、現状に飽き足らなくなっている人を仲間に迎え、まっすぐに価値を発揮できる環境であり続けられるよう努力を続けます。**美しい、世のための不動産企業を全力で実現し、従業員だけでなく、関係する人が互いに高め合える場にするため、力を尽くすつもりです。

まだまだ至らない部分もたくさんある

私にも、まだまだ足りないところがたくさんあります。特に、自分が走れば走るほど、自分だけでなく周囲も追い込んでしまい、ストレスを与えてしまうのです。

本当のことを言います。横濱コーポレーションの創業からいっしょに歩んできた妻とは、離婚してしまいました。

私があまりに仕事に没頭し、さまざまな可能性にチャレンジできるようになって、仕事ばかりにのめり込み、ポジティブになればなるほど、彼女は逆に追い込まれ、寂しい思いをさせてしまい、どんどんネガティブになってしまったと言います。

結果として、ただ苦労をかけただけになってしまったのです。本当に申し訳ないことです。

この点は、家族に対しても、社員に対しても、これから私がいちばん気をつけなければならないことだと思っています。

お金とは何なのか、成功とは何なのか。それは結局、志を同じくする人たちが、同じベクトルに気持ちを合わせていく楽しみだと思います。みんないっしょなら頑張れます。

私が好きなようにやって、付き合わせてしまっているようではまだまだ未熟だということなのです。

自宅のアパートを出てランドマークタワー20階のレンタルオフィスに陣取り、社員が増えて少しずつ机の数が増えていった日々。

私のあこがれ、ランドマークタワーに抱かれながら、だんだんと自分も会社も大きくなってきたことを実感します。これからは、さらに責任も増していきます。

私が、そして横濱コーポレーションがこれからどう頑張れば、みんなを幸せにして、横浜を盛り上げ、社会をよくしていけるのか。私は今日もノートを見返しながら、そればかりを考えています。

Epilogue

夢はいつでも無限大！

不動産業を超えて、人と人との縁を結びたい

私にはいま、夢があります。

もし「三方良し」を私なりに形作るとしたら、どんな形態になるのか。それははたして、不動産ビジネスだけに限ったことなのかと思うのです。

たとえば、私が旗を振って、美しい仲間が横濱コーポレーションに集まってきます。とりあえず不動産投資が共通のテーマになっているわけですが、そこには金融の専門家がいたり、農家がいたり、建築業者がいたり、一般のビジネスパーソンがいたり、お医者さんがいたりするはずです。美しい方々は、全員がその分野でのプロフェッショナルであり、高度な職人です。その人にしかできないことを持っています。

そのうえ、私のところに集まってくださる方は、皆さんが自分の得意分野で社会に貢献したいと思っていて、自分の力を発揮したいと考えています。自らの価値を発揮するのは私利私欲のためではなく、そうすることこそ社会の全体的な価値を高めることを自覚

している方たちばかりです。

僭越ながら私は、不動産のプロフェッショナルとして、海運業における坂本龍馬のような人間になりたいと考えています。

私が、私の専門性である不動産投資の知識を活かして他の美しい仲間を助けるように、他の皆さんも、さらに別の誰かをご自身の専門性で助けていきます。名医は健康を守り、弁護士は法を味方につけ、コンサルタントは客観的なアドバイスをくれて、お互いの価値発揮を助け合う。これこそ、現在における無数の薩長同盟の具体的な形になるはずです。

つまり、志の近い人たちが、専門性や得意分野を持ち寄って、損得勘定を抜きにして、能力や恩義で結びつき、もっと世の中をよくしていく同盟ができるはずなのです。

ならば、私はその志を束ねる役割を果たせないだろうか。声の大きさ、無鉄砲さなら誰にも負けません。人と人との縁を結び、政治や教育も巻き込んで、いつか大きな形にしていきたいと思っています。

そして、昔からの夢も、決して忘れてはいません。病院を経営することです。いまの私にとって、病院経営という夢はこうした考えの具体的な方策のひとつになっています。力をため、資金を蓄え、そしてアイデアをくださったり、実際に参加してくれそうな超一流の先生方とのつながりもできつつあります。

でも、いまの私の考えでは、普通の病院を作るだけではあまりにも工夫が足りないような気もしています。菅沼勇基が作る病院は、私だからこそ作れて、私が作る意味があって、私にしか作れない「世界最高峰の病院」にしたい。その形は、本物の病院かもしれませんし、志でつながったお医者様と交流できるサロンかもしれません。あるいは、人のつながりそのものこそ、私の理想とする「病院」の姿なのかもしれません。これからもいろいろな方のお知恵を借りながら、この夢を研究していこうと思います。


こんなことを相変わらず考え、妄想している自分は、はたから見ると、まだ若いくせにちょっと変な人に映るようです。仕事に一生懸命で、目標には人一倍こだわるくせに、お金にはあまり関心がない。頭がいいのかよくないのか、真面目なのか吹っ切れているのかわからない。

それを総合し、ひと言で表現すると、「変」な人。でも私は、そんなふうに思っていただけると、とてもうれしいです。

変な人でいいし、変な人であり続けたいと思います。いずれにしろ、私は最初から変なのです。

そして昔とは違い、**いまの私は、変であることこそ本当は強力な武器になるのだと知っています。**世の中は変な人間こそが変えます。頭のいい人は決して足を踏み入れようとしないところに、うかつに入っていってとんでもない仕事をやってのけるのは、いつだって「バカ」と呼ばれている人たちです。

だから私は、もうバカと呼ばれても、自分を恥じません。そして、バカにしかできない突飛で青臭いことを、いつまでも言い続け、実行し続けていきたいと思います。

横浜に、ランドマークタワーに恥じないよう生きる

２０１６(平成28)年5月、年商10億円を達成した横濱コーポレーションは、ついに20階の窓のないレンタルオフィスを抜け出し、横浜ランドマークタワーの38階にやってきました。

窓から見える景色に、社員一同しばらく見とれていました。テンションが上がって、移

転後しばらくは、はしゃぎっぱなしでした。

でも私は、霞むベイブリッジを眺めながら、不思議と落ち着き、そして新しい覚悟を固めました。

ついに憧れだったランドマークにやってきた。でもいまは、この場所もまた、通過点に過ぎない。これから先、もっと広い部屋に移るのか、もっと上のフロアに行くのか、それとも……。

そして私はひとり、心の中で誓いました。

ランドマークをすごいと思えば、成長はそこまでだ。ランドマークに酔っているだけではダメだ。そんなことでは、ランドマークは決して私を認めてはくれないだろう。

横浜に、ランドマークタワーに恥じない仕事をしよう。そして、ランドマークを超えていこう。

偏差値も、目標も超えて

いまの私にとっては、偏差値27は勲章です。

だいたい、偏差値27の社長など、他にいるのでしょうか? とてつもない強烈な個性になりましたし、いまやブランドになったとさえ思えます。偏差値27だったからこそ、私はここまで来られたのです。劣等生だった過去が、私を支えてくれていたのです。

この本の最後に、自分なんかダメだと思っている人たちへメッセージを送りたいと思います。

偏差値の数値やテストの成績、学歴や年収は、とても明確で、他人と自分を比べやすいものです。

でも、どう世の中に貢献したか、どんな目標を持つか、そしてどんな夢を抱えて生きるかは、決して他人と比べられるものではないし、比べてみたところでどうしようもないものです。

どん底を見た私は、どん底を見たからこそ幸せだと断言します。

私は、人と比較できるような数字で自分を測ることはやめました。すると、偏差値27が勲章になりました。いっさい、くよくよなどしなくなりました。

私は、どん底を見た人ほど、開き直って突っ走っていける力を秘めていると確信しています。くよくよしている時間なんてもったいないのです。自分がワクワクできて、みんなを幸せにできる、そして自分にこそふさわしくて、自分がやるべき夢さえ見つかれば、あとは突っ走るだけです。どん底を見ているのですから、転ぶことなんて怖くもないのです。

夢が持てれば目標が決まり、目標が決まればやることが決まる。

決まったらあとはやるのみ。**不安があっても、間違えても、素晴らしい夢を持っている人は必ず成長します。**そして、一度目標を達成する楽しさを知ると病みつきになります。楽しくなって、どんどん上に行けます。もっと大きな目標に、大胆に突っ込んでいけます。その先には、自分にしか味わえない幸せがあります。

もしそうでなければ、私は絶対いまこの場所にいません。偏差値だのお金だの、数字は結果として勝手についてきます。

ダメな人間だからこそ、夢はいつだって無限大なのです。

私はこれからも、自分の仕事である不動産投資を通じて、ともに世の中をよくしていける方たちとの関係を深めながら、私自身の夢の実現に向けて頑張っていくつもりです。

きっといつか、この本を読んでくださった皆さんともお目にかかる日がやってくると確信しています。

その日が来るまで、皆さんにしかできないことを、どうか精一杯頑張ってください。私も皆さんに負けないよう、そして皆さんといっしょに、自分にできること、自分がすべきで自分にしかできないことを頑張って、もっともっと上を目指して行きたいと思っています。

最後までお読みくださって、本当にありがとうございました。

2017年1月　菅沼　勇基

港が見える横浜ランドマークタワー38階より

［著者］
菅沼勇基（すがぬま ゆうき）
1985（昭和60）年、横浜市生まれ。横浜市立大学国際総合科学部卒業後、住友不動産(株)に入社し、オフィスビルの開発・運営業務、新事業の開発業務に携わる。3年後独立し、横濱コーポレーション(株)を設立。偏差値27からの成長経験を活かし、未経験でも夢を持ったやる気のある若手を多く採用し企業規模を拡大し続け注目を浴びる。

私が偏差値27から年商10億円の社長になれた理由

2017年1月19日　第1刷発行

著　者――菅沼勇基
発行所――ダイヤモンド社
〒150-8409　東京都渋谷区神宮前6-12-17
http://www.diamond.co.jp/
電話／03･5778･7235（編集）　03･5778･7240（販売）
装丁――――イシジマデザイン制作室
製作進行――ダイヤモンド・グラフィック社
印刷――――堀内印刷所（本文）・共栄メディア（カバー）
製本――――宮本製本所
編集担当――花岡則夫・寺田文一

ISBN 978-4-478-10072-1